当代幼儿园教师的职业素养与专业发展途径研究

纪曼然◎著

吉林出版集团股份有限公司
全国百佳图书出版单位

图书在版编目（CIP）数据

当代幼儿园教师的职业素养与专业发展途径研究 / 纪曼然著 . -- 长春：吉林出版集团股份有限公司，2022.7

ISBN 978-7-5731-1844-8

Ⅰ.①当… Ⅱ.①纪… Ⅲ.①幼教人员—教师素质—研究 Ⅳ.① G615

中国版本图书馆 CIP 数据核字 (2022) 第 137917 号

当代幼儿园教师的职业素养与专业发展途径研究
DANGDAI YOUERYUAN JIAOSHI DE ZHIYE SUYANG YU ZHUANYE FAZHAN TUJING YANJIU

著　　者	纪曼然
责任编辑	郭玉婷
封面设计	李　伟
开　　本	710mm×1000mm　　1/16
字　　数	200 千
印　　张	11
版　　次	2023 年 1 月第 1 版
印　　次	2023 年 1 月第 1 次印刷
印　　刷	天津和萱印刷有限公司

出　　版	吉林出版集团股份有限公司
发　　行	吉林出版集团股份有限公司
地　　址	吉林省长春市福祉大路 5788 号
邮　　编	130000
电　　话	0431-81629968
邮　　箱	11915286@qq.com
书　　号	ISBN 978-7-5731-1844-8
定　　价	78.00 元

版权所有　翻印必究

前 言

"国运兴衰，系于教育；教育大计，教师为本。"近年来，随着学前教育日益受到社会重视，人们对幼儿教师有了更高的要求和期盼。《幼儿园教育指导纲要（试行）》指出，教师在教育过程中应成为幼儿学习活动的支持者、合作者、引导者；教育活动的组织与实施过程是教师创造性地开展工作的过程。因此，关注幼儿教师专业发展、提升幼儿教师职业素养是当前学前教育改革与发展的基本诉求，对幼儿教育质量及幼儿个体终身发展具有举足轻重的作用。

本书围绕当代幼儿园教师的职业素养与专业发展进行研究，分为五章。第一章是绪论，主要介绍现代学前教育发展的特点和趋势，幼儿园教师的资格、权力和义务，以及当代幼儿园教师的角色要求。第二章内容为幼儿园教师的职业素养，主要从三个方面展开论述，分别为幼儿园教师的职业道德、幼儿园教师的专业知识和幼儿园教师的专业能力。第三章重点研究幼儿园教师的专业发展，包括幼儿园教师专业发展的内涵、阶段和影响因素。第四章是幼儿园教师专业发展规划，通过阐述幼儿园教师专业发展规划的意义，分析幼儿园教师专业发展规划的实施，提出幼儿园教师专业发展规划的技术指导。第五章提出幼儿园教师的专业化发展路径，包括园本教研、师资培训、课程开发、评价与反思。

在撰写过程中，笔者得到了许多专家、学者的帮助与指导，参考了大量的学术文献，再次表示诚挚的谢意。但由于笔者水平有限，书中难免有疏漏之处，敬请同行专家和广大读者批评指正。

纪曼然
2022 年 1 月

目 录

第一章 绪 论…………………………………………………………………1
　　第一节 现代学前教育发展的特点和趋势………………………………1
　　第二节 幼儿园教师的资格、权利和义务………………………………13
　　第三节 当代幼儿园教师的角色要求……………………………………20

第二章 幼儿园教师的职业素养……………………………………………23
　　第一节 幼儿园教师的职业道德…………………………………………23
　　第二节 幼儿园教师的专业知识…………………………………………42
　　第三节 幼儿园教师的专业能力…………………………………………53

第三章 幼儿园教师的专业发展……………………………………………70
　　第一节 幼儿园教师专业发展的内涵……………………………………70
　　第二节 幼儿园教师专业发展的阶段……………………………………73
　　第三节 幼儿园教师专业发展的影响因素………………………………83

第四章 幼儿园教师专业发展规划…………………………………………89
　　第一节 幼儿园教师专业发展规划的意义………………………………89
　　第二节 幼儿园教师专业发展规划的实施………………………………94
　　第三节 幼儿园教师专业发展规划的技术指导…………………………103

第五章　幼儿教师专业化发展路径 · 109

第一节　园本教研 · 109
第二节　师资培训 · 129
第三节　课程开发 · 140
第四节　评价与反思 · 159

参考文献 · 168

第一章 绪 论

人生百年，立于幼学。科学、系统的学前教育能够为幼儿日后的学习及终身发展奠定坚实的基础。幼儿园教师在学前教育中扮演重要角色，是学前教育取得成效的关键因素。本章从现代学前教育发展的特点和趋势，幼儿园教师的资格、权利和义务，以及当代幼儿园教师的角色要求三部分展开论述，有针对性地对学前教育和幼儿园教师进行介绍。

第一节 现代学前教育发展的特点和趋势

无论是对幼儿本身，还是对家庭和社会而言，学前教育都举足轻重、备受关注。近年来，我国对幼儿教育高度重视，学前教育呈现出鲜明的特点和发展趋势。

一、学前教育的概述

学前教育是一个人接受教育的起始环节，是为了更好地适应义务教育而做的准备，也是为了更好地提高国民素质。

随着公共服务体系的不断完善，我国对学前教育的投入也在逐步加大，学前教育资源供给有很大的进步，学前教育在城市及乡村的办园格局也在逐步扩大。

学前教育有广义和狭义之分。广义上的学前教育是指从出生到6周岁或7周岁的儿童所实施的保育和教育，包括早教机构教育、家庭教育、社会教育等。狭义的学前教育是指对3—6岁或7周岁儿童在幼儿园或其他的幼儿教育机构所实施的教育。

从我国公共服务发展角度来看，针对学前教育的服务主要为幼儿园服务。

随着社会生活节奏的加快、"二孩"政策的实施，我国的人口出生率逐步提高，幼儿增多，但幼儿得到来自家庭照料的时间有限，专业化的家庭保育更是无法保障。父母由于工作或其他原因没有时间和精力照顾婴幼儿，更多家庭选择将幼儿送到一些托育机构，这些机构由政府部门或第三方机构兴办。公共托育服务逐渐成为民生服务的新需求,成为市场服务领域内的新业态,对幼儿、家庭及社会发展有积极的影响。

2017年,党的十九大报告中重点指出"幼有所育"的重要任务,要加大对幼儿托育服务领域的扶持与改革,在扩大托育服务时不仅仅只靠政府出力,也要鼓励社会力量参与、充分发挥社区服务共享平台作用,进一步增加婴幼儿服务,加强对家庭育儿知识及育儿观念的宣传与教育。将托育服务发展成社会公共服务领域内的新业态,完善多元化的公共服务体系。全面推进学前教育健康、和谐、均衡和可持续发展不仅可以促使"幼有所育"与"学有所教"的有效衔接,而且也对我国教育事业发展发挥重要的作用。

二、学前教育的发展

(一)我国学前教育发展的历程

1. 从古代至20世纪初期:幼儿教育机构的引入与发展

幼儿教育在我国拥有悠久的传统,一般将对"童蒙"所实施的教育称为"蒙学"。但直至百年前的清末兴学,我国才开始有组织、有系统地在全国开展专门化的幼儿教育。受西方现代教育的影响,在20世纪上半叶,我国传统社会以家庭为主的启蒙教育逐渐向社会化、制度化的现代学校教育转型。

我国古代就重视对幼儿的教育,普遍认为幼儿阶段是养成人格品性的奠基时期,但是从国家层面来讲,并未将其纳入官学教育体系,亦没有为幼儿设立统一的教育机构,绝大多数儿童在家庭中接受启蒙教育。

19世纪中叶以来,一些来华的外国人在中国沿海、沿江的城镇陆续创办了一些新式幼儿教育机构,多称为"察物学堂""幼稚园"。这些新式教育机构起初并不被人们所认可,但是新鲜事物的出现就如同"撕开了"传统教育的一个"口子",在不断生长积蓄力量的过程中引起了士大夫阶层的注意和重视,这为日后幼儿教育制度的建立打下了思想基础。

20世纪初,清政府为推行新式教育,颁布《奏定学堂章程》,将幼儿教育纳入学制体系。蒙养院成为国家教育体系中的一个组成部分是幼儿教育开始从传统走向现代的标志之一。受此影响,国人自办的一些幼儿教育机构相继出现,官办的如武昌蒙养院、京师第一蒙养院,私立的、严修创办的严氏蒙养院。蒙养园虽然未获独立,仍是附属机构,但地位有了提升。在清末民初,我国幼儿教育从宏观制度设计到微观具体实践均效法日本,由于受到军阀混战等因素的影响,幼儿教育的现代化处于一种缓慢发展阶段。

1922年，《学校系统改革案》将蒙养园改为幼稚园。幼儿教育在学制中取得独立的地位，与小学教育合为初等教育阶段，幼儿教育的现代化进入快速发展阶段。自1929年以来，全国幼稚园数量以较快的速度逐年上升，这体现了幼儿教育事业的发展速度。虽然社会各界都投入力量参与到幼儿教育事业的发展中，但是不能忽视的是幼稚园的分布极不均衡。这其中虽然不乏战乱动荡、人口数量、经济水平等原因，但最为重要的原因还是出自政府方面，一缺少经费支持，二缺乏规划和引领。

2. 1949—1957年：起步与萌芽阶段

中华人民共和国成立初期，国民经济稳步恢复重建，通过对国外教育理念的借鉴，以及对国内有效的传统幼儿教育经验的传承，我国学前教育事业进一步发展，初步建立起基本符合我国国情的学前教育体系，取得初步成效。

1950—1954年，连续聘请两位国外学前教育专家来华，对我国学前教育事业理论研究、实践活动进行指导。建立了一批实验性幼儿园，总结经验，推广至全国。1956年，国家出台了文件就办园体制做出指示，明确"两条腿走路"方针，即政府公办幼儿园和"集体所有制"下依靠集体经济办学的民办幼儿园并举。

在一系列方针政策的指引下，中国的学前教育进一步发展，出现了"量质并举"的第一个高潮。这段时期的学前教育具有明显的公共福利性，国家作为责任主体，主动分担家庭育儿的责任，让广大妇女可以投身社会主义事业的建设中去。

3. 从1958—1977年：冒进与停滞阶段

在该阶段近20年的社会发展进程中，我国仅在前期针对学前教育领域出台过一项指导性政策文件。从数量上看，发文速度较上阶段有明显的放缓迹象。1966—1976年的十年时间里，国家未对学前教育事业给予足够重视，学前教育事业发展步入第一个停滞期。

4. 从1978—1994年：恢复与规范阶段

自1978年改革开放至1994年，国家出台了多部学前教育政策法规。1978年，经国务院批准设置了"幼儿教育研究室"，标志着我国学前教育工作又重新回到规范化发展的道路。1979年11月，《城市幼儿园工作条例（试行草案）》的颁布从宏观的教育方针、任务目标入手，为幼教工作把握方向、分辨是非提供指引。1981年，教育部出台了《幼儿园教育纲要（试行草案）》，该草案体现了幼儿教育的科学理念，具有里程碑式的重要意义。1983年9月，《关于发展农村幼儿教育的几点意见》的出台，标志着党中央、国务院重新重视起农村学前教育事业的发展。1989年6月,《幼儿园工作规程(试行)》的颁布,对幼儿园保教工作做出了一次全面而系统的规定。1989年9月11日,由原国家教委发布的《幼儿园管理条例》是第一部经由国务院批准颁发的有关学前教育的行政法规,标志着我国幼儿教育开始走向法制化建设的道路。

从总体上看,"法制化"和"规范化"是这一时期的主旋律。

5. 1995—2009年:社会化改制阶段

1995年9月,国家教委联合计委、民政部等七部门联合下发《关于企业办幼儿园的若干意见》,提出"积极稳妥地推进幼儿教育逐步走向社会化"的战略目标,确定了本阶段的社会化改革导向。"社会化"强调弱化政府直接办园功能,但仍然坚持政府的领导地位,其主导权不能完全交给市场。然而,在经济体制改革日益深入的时代背景下,"社会化"被误读为"市场化",大量资本进入学前教育领域,原来由企业兴办的幼儿园所关、转、停,政府也逐步退出该领域,学前教育事业发展受到严重冲击。

2001年起教育主管部门也曾联合其他各部委通过开展大规模的调查与干预研究,开始纠正学前教育社会化改革带来的一些问题。2003年3月,教育部等十部委联合下发的《关于幼儿教育改革与发展的指导意见》中指出,要进一步推动幼儿教育的改革与发展,并要求"在城乡各类社会力量举办的幼儿园中扶持并确立一批示范性幼儿园"。然而,示范园与普通园的差异化财政投入和教育资源的不均衡分配进一步加剧了园所间的等级分化,这也直接导致学前教育事业发展再次进入缓慢发展期,以致到2010年前后,各地"入园难""入园贵"成为社会热点问题,备受关注。

6. 2010年至今:跨越式发展阶段

2010年以来,国家制定了一系列政策法规自上而下地推动"四位一体"的规范、价值、制度和行动转型。2010年11月,国务院出台《关于当前发展学前教育的若干意见》,标志着学前教育首次被摆在了国计民生的显要位置。随着《国家中长期教育改革和发展规划纲要(2010—2020年)》等纲领性文件的颁布和学前教育三年行动计划的落实推进,"入园难""幼儿园荒"等问题得到了有效缓解。2018年11月,印发了《中共中央 国务院关于学前教育深化改革规范发展的若干意见》,进一步强化了政府的主导作用。综合各项指标来看,自2010年起,我国学前教育事业步入了"跨越式"发展的"快车道"。

（二）现代学前教育发展的特点

1. 世界学前教育发展特点

（1）保障儿童权利、促进教育民主化成为学前教育发展的指导思想

20世纪以来，特别是第二次世界大战以后，保障儿童权利、促进教育民主成为当代学前教育发展的指导思想。首先，从儿童的权利保障角度来看。联合国通过《儿童权利公约》，保护儿童各种权利成为各国政府的法律承诺。其次，从教育民主化的角度来看，20世纪60年代以来，教育民主化成为全球教育改革的基本目标，其核心指标是人人有受教育的权利，教育机会均等。

（2）政府对学前教育的支援增强

第二次世界大战后，从保障儿童教育的权利，促进教育民主化的宗旨出发，各国加大了对学前教育干预、调整的力度，出台了相应的政策、提供经费支持，支持和促进学前教育的发展。美国颁布了《经济机会法》，推出"开端计划"，帮助贫困家庭4—5岁儿童接受学前保育和教育。英国的"确保开端"运动，资源优先向20%处境最不利的地区倾斜。在瑞典，所有0—6岁幼儿的教育是完全免费的。韩国学龄前儿童在入学前可享受一年的幼儿教育。德、法两国幼儿园根据父母的收入情况来收费，有效地解决了贫困家庭儿童的入园问题，也保证了学前教育机构的健康发展。

（3）学前教育的发展水平不断提高

当代学前教育的发展水平不断提高，表现为以下几方面。

①注重对课程的改革。人们逐渐认识到，过去那种只重视智育的做法是有局限的，需要从"智育中心"转向幼儿个性的全面发展。世界各国纷纷对幼儿教育进行了改革。

②学前教育普及水平显著提高。各国政府在为3岁以上的儿童提供保教计划方面扮演了积极角色，大部分的国家将3岁作为儿童受教育的起始年龄。在发达国家，大多数幼儿在入小学前至少能接受两年免费的保育和教育。

③学前教育制度灵活多样。从资金供给途径看，有国家教育部门、地方政府、社区、教会、慈善团体、学校、企业、私人等；从幼儿在园时间的长短看，学前教育机构包括寄宿制、全日制、半日制、计时制等；从办园形式上看，学前教育机构包括幼儿园、托儿所、托幼一体化机构、日托中心、家庭日托、小学学前班等；从个体体制上看，既有私立学前教育机构，也有公办学前教育机构；从职能上看，强调保育和教育功能一体化，做好幼小衔接等成为各国学前教育改革的共同发展趋势。

（4）提高教育质量

从 20 世纪 80 年代开始，高质量的幼儿教育成为托幼机构的追求目标。美国早期教育协会颁布了一个关于高质量托幼机构教育的认证标准，这个标准及作为这个标准的核心概念——发展适宜性教育在全世界影响相当广泛。在此推动下，各国都加强了对托幼机构教育质量的评价与研究工作。教师学历得到显著提高。各国还逐步建立了托幼机构教师的专业资格证制度，并且重视对在职学前教育师资的培训。

2. 我国学前教育发展的特点

（1）学前教育发展普及化

党的十八大以来，我国教育事业有了很大的发展。按照十九大报告精神，我国将继续实施教育强国战略，在均衡、全面发展义务教育的同时，加快发展学前教育。2021 年 12 月，国家统计局发布《中国儿童发展纲要（2011—2020 年）》终期统计监测报告。报告显示，2020 年，全国学前教育毛入园率为 85.2%，比 2010 年提高 28.6 个百分点，远高于《中国儿童发展纲要（2011—2020 年）》中"达到 70%"的目标。全国共有幼儿园 29.2 万所，其中公办幼儿园 12.4 万所，民办幼儿园 16.8 万所，分别是 2010 年的 1.9 倍、2.6 倍和 1.6 倍。全国共有幼儿园专任教师 291.3 万人，是 2010 年的 2.5 倍。

我国毛入园率的显著提升和学前教育普及水平不断提高，标志着我国学前教育事业迈出了具有奠基性意义的重要一步。近年来，随着政府的支持及专业人士的教育实践探索，在连续三期学前教育行动计划下，我国"入园难"问题得到了有效缓解。国家和政府扩大了对民族地区及地方乡镇幼儿园的教育资源，财政投入逐渐增加，在一定程度上有助于缓解"入园贵"问题，有利于学前教育的普及。

（2）学前教育师资队伍建设专业化

改革开放以来，我国学前教育师资队伍持续扩大，幼儿园教师的社会地位逐渐上升，幼教队伍规模和配置水平也得到了不断提升。近年来，我国幼儿园教师数量不断增长，整体学历不断提升（我国幼儿园专任教师中专科、本科及研究生学历的教师数量不断增加），专任教师中学前教育专业毕业的比例不断提高，教师队伍建设逐步加强。幼儿园教师也已经开始由经验型逐渐向研究型转变，边实验边探索，边总结边提高，逐步从迷惘走向成熟。尤其是近十年来，我国幼儿园针对幼教师资培训的力度加大，整体水平不断进步。不断提高乡镇幼儿园和农村幼儿园教师的待遇，并严格要求幼儿园教师专业素质、职业道德和教育教学能力，使教师队伍整体水平得以提升，逐渐体现出学前教育教师队伍建设的专业化。

（3）学前教育管理体系规范化

近年来，我国学前教育管理体系不断健全和完善，国家及政府不断调整教育资源结构、健全体制机制、提升保教质量。国家针对学前教育发展事业逐渐放权，使地方拥有更多的教育自主权。幼儿园综合管理权力科学分工，管理体系日趋民主化。

（4）学前教育课程改革多元化和本土化

改革开放以来，我国学前教育课程改革从套用西式课程到逐渐结合中国国情和地方实际对学前教育课程进行教育实践探究，不断摸索出适合中国特色社会主义教育文化发展的新路径。在民族地区和农村逐渐实施综合教育课程和开发并利用特色园本课程。近年来，国家、地方、学校三级课程互相辅助、相互促进。根据国际教育发展形势和国内教育发展实际，国家逐步下放教育权力，让地方充分利用自身优势，结合儿童身心发展规律和个性特征有针对性地开发园本课程，并在地方成功实施，促进了儿童全面发展和健康成长，学前教育发展呈现多元化和本土化发展特点。

（5）学前教育力量趋向一体化

一体化主要表现在合力教育。近几年，国家在家庭教育、社区教育、幼儿教育等方面推出了一系列的改革措施。比如，利用大众传媒开展家长教育和咨询指导，改革福利措施让父母和孩子接触的时间更有保障，开放幼儿园资源为家庭社区共享等等。

家庭、社区、幼儿园三方协作促进幼儿教育的发展是今后幼儿教育发展的一个方向，只有这三方面力量有机整合，才能够真正促进幼儿的健康发展。学前教育的效果，归根结底取决于家庭、社区和幼儿园教育影响的一致性。

（三）我国学前教育发展存在的问题

1. 学前教育配套资源有待完善

对当前我国学前教育来说，加大力度发展学前教育将对我国人才培养事业起到积极作用，为幼儿的后续学习奠定坚实基础。而当前学前教育发展面临的一项重要挑战便是学前教育配套资源有待完善。在学前教育机构中存在配套资源不足的问题，对学前教育事业的发展水平及效率缺乏促进作用，也有可能导致学前教育各个环节无法顺利进行，无法实现幼儿园升小学的平稳衔接，将导致我国学前教育的质量不高、缺乏实效性等问题。实践中主要表现为当前学前教育工作缺乏一系列信息化教育配套资源，很多学前教育机构在开展教育工作阶段仍然采用传统的教学形式，尚未融入信息化教育手段，这种情况的存在显然不符合我国网络信息技术蓬勃发展的趋势，对幼儿尽快适应以后的学习生活也缺乏促进作用，因此积极完善学前教育配套资源是学前教育目前发展阶段的一项重要任务。

2. 幼儿教育发展不平衡

我国幼儿教育发展存在不平衡的问题。一是城乡幼儿教育差距过大，二是公办与民办幼儿教育差距过大。就前者来说，城市幼儿园无论是在师资力量上，还是在硬件设施上，相比于农村幼儿园都有非常显著的优势；农村幼儿园自身条件有限，幼儿教师水平一般，提供的幼儿教育也主要针对留守儿童，几乎只是一种看护，而非教育，幼儿园中无论是教具还是玩具都较少，教师人数少，无法对幼儿进行全面照顾，这样的幼儿教育将难以完成其应有的使命。就后者来说，公办幼儿教育有财政的支持和主管部门的管理，其各方面条件都相对较好，而民办幼儿园，除部分城市的优质、贵族幼儿园外，其余幼儿园在发展中或多或少都存在一些问题，管理不规范，对优秀师资缺乏吸引力，软硬件条件不佳，甚至出现恶意竞争的行为，在对幼儿的看护和教育中问题频发，这些都是当前我国幼儿教育中非常突出的问题。

3. 幼儿园教师队伍专业能力亟待提升

对我国学前教育事业来说，幼儿园教师队伍在其中占据至关重要的地位，幼儿园教师队伍的专业能力和水平决定了学前教育的水平及在幼儿教育中取得的成效。而在实际中往往存在幼儿园教师队伍专业能力亟待提升的问题，对学前教育事业的质量造成影响。主要表现为一部分幼儿园教师掌握的专业技能不足，在开展学前教育期间并未注重采取全新的教育理念开展学前教育事业，未注重学习与更新教育理念，因此其在教育工作期间往往采取灌输式教育形式，降低了学前教育质量。除此之外，仍然存在一部分幼儿园教师专业素养较差、职业道德不足等问题，其在开展学前教育时并未注重担负起自身的责任，往往会出现敷衍了事、应付任务的现象，对学前教育工作质量的提升造成了一定的阻碍。

4. 对学前教育理念认知不当

很多人认为孩子要赢在起跑线上，故而片面地追求知识型教育，不顾学前儿童的身心发展规律，没有认识到游戏是孩子的天性，片面地认为游戏是不务正业，是浪费时间。其实，对学前儿童的培养是在游戏中进行的。家长教育理念认知不当，对教师日常教学活动开展产生了一定的影响。教师的教学活动非但得不到家长的配合，家长还会质疑教师的教学模式，质疑孩子是否能在幼儿园得到良好的教育，这些都在一定程度上阻碍了家园共育的实现；同时，教师对学前儿童的教学活动采用的形式比较单一，更多地追求课堂上的纪律性，在一定程度上扼杀了孩子的天性。学前教育理念认知不当，对学前教学活动的开展是极为不利的。

现如今，各个学前教育发展中心都在规划实施幼儿园课程游戏化，但在具体落实过程中频频遭遇难题。部分学前老师掌握了课程游戏实施的理论知识，但是在实践中还是无法完全遵循。还有部分老师空有一身技艺，但是没有施展的空间。幼儿园组织课程游戏化的展示活动，也都是浮于表面，仅仅通过游戏的一次性展示应付各类观摩。就目前看来，在学前教育的过程中充分激发幼儿自主游戏的道路仍是漫长的，目前给予教师的施展空间是远远不够的，也对教师的发展和进步有所限制。

5. 教学内容的"小学化"倾向严重

教学理念认知不当，进一步造成了教学内容的"小学化"倾向。其实，每一个孩子都有自身的成长节奏，学前儿童的培养更多的是潜能的激发和学习兴趣、习惯的培养，只有先一步打牢基础，才能更好地后续发力，在人生的道路不断前进。教学内容的"小学化"倾向严重，会增大学前儿童的学习压力，使其难以完成教师的教学目标，在一定程度上扼杀了孩子的学习兴趣，这对孩子的成长而言是毁灭性的打击。孩子没有了学习兴趣，何谈主动地参与到课堂中？所以说，教学内容的"小学化"倾向，看似赢在了起跑线上，实际却输在了人生道路上。

（四）我国学前教育发展趋势

1. 管理监督机制进一步健全

完善的组织机构和健全的管理监督机制，是促进学前教育规范化发展的必要保障，也是我国学前教育未来的发展趋向。教育部门应积极发挥职能作用，建设学前教育专门管理小组，由教育部门领导作为组长，编办、财政、卫生、食药监等相关部门的领导作为组织成员，对学前教育的发展建设实施全面的监督和管理。同时，还要完善相关法律法规及办学标准等，建设健全的管理监督机制，这是对学前教育实现有效管理监督的重要依据，对推进学前教育规范化发展，具有积极的促进作用。在实际工作中，管理小组需明确划分管理监督职责，由组长统筹规划，协调各部门实施相关管理监督办法，其他成员相互配合，依照相关标准和规定，对学前教育进行全面的管理监督；同时，对当前学前教育发展过程中的各种问题和混乱现象，采取严格的管理手段进行整顿和治理，对于无办学资格的学前教育机构予以取缔，对于有办学资格但存在问题的学前教育机构，采取有效的措施进行整改。此外，还要引入社会监督机制，联合广大群众，对学前教育实行有效的监督，从而有效推动我国学前教育的规范化发展。

2. 人力、物力投入持续增加

幼儿园教育的开展离不开持续且稳定的经费投入，因为只有经费充足才能保证一些管理及教育创新举措的实施，如教师绩效、教学设施改良、教研项目等，在发展学前教育的过程中，各个地区需要通过多种渠道保证幼儿园经费充足，且经费投入也需要表现出持续增长的趋势，为幼儿园发展奠定基础。

关于经费投入，一方面对于公办幼儿园需要政府及教育机构每年划拨资金，加快基础设施建设及幼师人才的引进，为教育工作的开展奠定坚实基础；另一方面在政策允许范围内可鼓励社会资本积极参与学前教育机构的建设与发展，满足各个家庭对幼儿园学前教育的多层次需求，提高幼儿园教学质量。因此，需要大量的资金和资源支持，改善办学条件。

传统的教育资金来源主要依靠财政拨款，但面对庞大的社会需求，仅仅依靠财政拨款难以满足学前教育的发展要求。所以，要为学前教育的发展筹集更多人力和物力支持，必须从多个渠道筹集资金，为改善办学条件和推动学前教育的发展提供有力的财政保障。在实际工作中，可以通过教育部门与企业相结合的渠道，筹集资金支持学前教育发展，有效改善办学条件；同时，企业可以为职工子女提供更好的教学机会，解决职工子女教育问题，从而有效增加企业凝聚力，防止人力资源流失，帮助企业吸引优秀人才，既解决了学前教育发展建设面临的资金难题，又为企业的发展建设发挥了积极的作用。此外，还可以吸收社会闲散资金，以捐助、入股等多种形式筹集资金，为改善办学条件提供重要的财政保障。除资金问题外，加强师资建设也是改善学前教育办学条件的重要措施。这就需要各大高校加强对幼师的教育和培养，运用现代化教育教学理念，提高幼师的知识技能水平；同时，对现有的幼师和保育人员加强培训考核，全面提高学前教育师资力量，有效提高学前教育质量，改善学前教育条件。

3. 学前教育观念不断更新

改变、更新学前教育观念是我国学前教育的大势所趋，必须及时看到学前儿童成长过程中的迫切需要，顺应学前儿童身心发展规律，不能肆意增加学前儿童的成长负担。要立足于学前儿童是教育的主体的观点，积极努力改革教育内容、教育方式和教学方法，要结合相应年龄段儿童的身心发展特点，设计出适合其发展的教学内容，在教学中注重挖掘潜力，注重培养儿童的主动性和创造性，注重在学前教育中对儿童思想品质的培养,培养儿童拥有良好的道德修养,树立正确的世界观、人生观和价值观,从而塑造完整的人格。在儿童接受学前教育之后就会进入小学真正开始他们的学习生涯,所以要做好幼儿园与学校的衔接工作,使儿童能够从学龄前教育顺利地转换到学校教育之中,使学前教育真正地起到能够为学校教育奠定基础的作用。

4. 学前教育走向均衡和全面发展

国家在发展学前教育的过程中,越来越重视学前教育的均衡,重视农村幼儿园的建设和发展。当然受我国实际国情的影响,农村幼儿园完全依靠财政投资,并不现实,农村地区教育费用的问题不是一朝一夕可以解决的,可以通过引进社会资本的方式进入农村学前教育领域,从而为农村幼儿园的发展提供一条新的道路;同时,国家对于民办幼儿园应给予更多的政策支持,如为学前教育管理者提供足够的专业化教育机会,以提升民办幼儿园教育水平,另外可由政府牵头,建立民办园与公办园交流的渠道,以公办园带领民办园,双方相互帮助,共同发展,确保我国学前儿童都能够接受良好的教育。具体可见以下几方面。

首先,要发挥优秀学前教育机构和骨干教师的带头作用,给予政策和资金等多方面的支持,"实施托幼一体化"办学模式。要加强城乡一体化教育模式的发展,以城市带动乡镇,扩大优质学前教育的覆盖面,从而有效满足儿童的教育需求。

其次,要建立健全评估机制,对学前教育机构的运营模式进行有效的评估和分类定级,并采取相应的奖惩措施,有效规范学前教育机构的行为,完善其管理体制,改善和提高办学条件,提高学前教育质量,推动学前教育的规范化发展。

再次,要对我国学前教育中的大班额教学模式进行改革,以小班化教学模式对其进行逐渐取代。随着我国城市化发展进程的不断推进,必须要有效改善学前教育的教学环境,逐渐取消大班额,实行小班化教学模式。当前,在传统的县城和乡村学前教育中,普遍采用大班额的教学模式。这种教学模式对于学前儿童的个性发展造成了严重的限制,不利于学前儿童思维逻辑能力和创新能力的发展。除此之外,大班额教学模式导致教师负担加重,很难照顾大量的儿童,在这种情况下,不仅不能满足一对一辅导,实现优化培育的目的,还可能增添儿童发生意外的风险。由此可见,大班额的学前教育教学模式,无论对教师的教学工作还是对儿童的身心健康成长,都有着极为不利的影响。因此,推广小班化教学模式,逐渐取消大班额教学模式,是我国现代化学前教育发展建设的必然趋势。

最后,要加强对学前教育的宣传,推广先进的育儿理念。要提高学前教育水平,不能仅仅依靠教育机构,更要提高家长的现代化教育思想理念。为家长发放宣传手册，组织家长学习现代化育儿知识等。此外，还可以组建家长团体，对学前教育机构实施有效监督，以规范学前教育机构的运行和教育行为，共同为学前儿童提供一个良好的成长教育环境，促进儿童身心健康发展。

5. 保教建设成为侧重点

学前教育与基础教育的最大不同，就是学前教育包括了保育内容。目前，在我国学前教育的发展过程中，普遍侧重于教育建设，忽视了保育的重要作用。要有效优化学前教育质量，推动我国学前教育的规范化发展，不仅要加强教育方面的建设，更要加强保育建设，实现全面发展，真正提高我国的学前教育水平。首先，为幼儿园教师拓宽培训渠道，提高幼儿园教师的专业化程度，使其不仅具有较高的教育水平，还具有良好的保教水平。其次，积极引进和借鉴发达国家成熟的学前教育经验，结合我国的实际情况，加强对学前教育机构的保育建设。例如，加强保育宣传，规范保育制度措施，培养专业化的保育员，建设高水平、高素质的保育员队伍，等等，有效提升学前教育的保育水平，促进学前教育的全面发展。

6. 幼儿园教师专业素养不断提升

幼儿园教师专业水平的不断提高，同样是未来我国学前教育发展的趋势之一。幼儿园教师通过提升自己的专业素养，设计科学合理的学前儿童课程，能够切实提高学前教育的教学效率与教学质量。首先，教师要重视全面、科学地把握学前教育目标的内涵，树立正确的教育观念，并将之落实到实际的教育工作中。其次，从学前儿童的身心发展需要开展教学活动，选择合适的教学目标、教学形式、教学内容等。在教学活动中，认真、细致地进行观察，了解孩子们的需求，根据幼儿的表情及动作做出正确的判断。最后是课程的设计能力。每一个阶段的儿童都有相应发展目标，但是显现目标的方式是多样化的，这就需要教师不断提高自身课程设计能力。教师要根据总的教学大纲及学前儿童的自身特点，创造性地进行个性化的课程设计，和他们进行平等的交流，引导学前儿童不断发展。

第二节 幼儿园教师的资格、权利和义务

一、幼儿园教师的资格

（一）实施教师资格认证制度的意义

1. 是把关教师质量的重要屏障

从世界各国教师资格认证制度的发展来看，最初大都经历过师范院校毕业生自然认证教师资格的阶段，这种认证方式保证了教师队伍的基本质量，所有的教师都经过规定时间的专业学习与培训才具备教师资格。随着教师资格认证制度的不断完善，以学历认证为标准的认证模式已经不能满足教师资格认证的发展要求，通过统一考试来获得教师资格已经成为发展趋势，这一措施有效地促进了教师教育的规范和教师教育质量的提升。不论是早期的学历认证，还是现行的考试认证，教师资格认证制度的实施已经成为把关教师质量的重要屏障。

2. 是提升教师专业化水平的重要保障

教师成为专门的职业，具有专业知识与专业技能已经成为全社会的共识，但如何提高教师专业化水平，不仅涉及职前教师教育质量，更关系到如何设置有效的评价标准来衡量教师教育的质量。从世界范围教师资格认证制度的发展来看，随着教师资格认证制度的不断完善、分类的逐步细化，其不仅是衡量教师是否合格，能否进入相应的教育机构去担任教师工作的重要途径，更逐步成为提升教师专业化水平的重要保障。

3. 是拓宽教师来源的重要途径

通过教师资格认证制度的实施，教师工作不再仅局限于师范院校科班出身的学生，其他各行各业的申请者，只要通过规定时间的专业知识及专业能力的培训、学习，达到教师资格认证机构确定的标准，就可以申请教师资格，进入相应的学校担任教师工作。这种模式极大地拓宽了教师的来源渠道，使得其他领域的专业人才有机会进入教师行业，教师行业的人员结构得到极大的调整，因此，教师资格认证制度的实施成为扩宽教师来源的重要途径。

（二）我国幼儿教师资格认证制度的实施依据

我国实施幼儿教师资格认证制度的主要依据有《幼儿园管理条例》《中华人民共和国教师法》《中华人民共和国教育法》《教师资格条例》《教师资格条例》实施办法等。

1989年9月，我国颁布了《幼儿园管理条例》，其中的第九条首次限定幼儿教师的从业资格，即"幼儿园园长、教师应当具有幼儿师范学校（包括职业学校幼儿教育专业）毕业程度，或者经教育行政部门考核合格。"

1993年，我国10月颁布了《中华人民共和国教师法》（以下简称《教师法》），使我国幼儿教师从业资格的规定上升至法律层面。其中第十条、第十一条规定"国家实行教师资格制度""取得幼儿园教师资格，应当具备幼儿师范学校毕业及其以上学历"。在附则中规定："中小学教师，是指幼儿园、特殊教育机构、普通中小学、成人初等中等教育机构、职业中学以及其他教育机构的教师"。

1995年3月，我国颁布了《中华人民共和国教育法》，重申国家实行教师资格制度。同年12月，国务院颁布了《教师资格条例》，将教师资格分为幼儿园教师资格、小学教师资格、初级中学教师资格、高级中学教师资格、中等职业学校教师资格、中等职业学校实习指导教师资格、高等学校教师资格。第十六条规定："非师范院校毕业或者教师资格考试合格的公民申请认定幼儿园、小学或者其他教师资格的，应当进行面试和试讲，考察其教育教学能力；根据实际情况和需要，教育行政部门或者受委托的高等学校可以要求申请人补修教育学、心理学等课程。"

2000年9月，教育部颁布了《教师资格条例》实施办法，逐步在学历标准（幼儿师范学校毕业及其以上学历）、普通话水平（二级乙等以上标准）、师德、教育教学基本素质和能力、身体与心理素质等方面明确了幼儿教师资格的基本要求。

自《中华人民共和国教师法》颁布之后的20年里，幼儿教师教育院校毕业生一直因其学历和专业优势直接申请便可获取幼儿教师资格证书，非师范院校毕业则需通过教育培训，参加教师资格考试才能获得幼儿教师资格且教师资格一经取得形同终身有效。

2011年10月，教育部颁布了《教师教育课程标准（试行）》开始在教育信念与责任、教育知识与能力、教育实践与体验等方面为幼儿教师资格认证制度提供新的资格标准。

2012年，教育部颁布了《幼儿园教师专业标准（试行）》（以下简称《专业标准》），强调应从专业理念、专业知识、专业能力等方面培养与培训幼儿园教师，幼儿园教师应在《专业标准》提到的14个领域达标才能是一名合格的幼儿园教师。

虽然幼儿教师资格认证制度对于规范和保障幼师队伍素质起到了一定作用，但也存在明显的局限性。

（三）我国幼儿教师资格认证制度中存在的问题

从当前我国学前教育事业的发展态势和幼儿教师资格认证制度自身发展进程来看，我国幼儿教师资格认证制度还存在很多问题。

1. 幼儿教师资格认证制度尚未单独成体系

我国幼儿教师资格认证制度是包括在中小学教师资格认证制度中的，幼儿教师职业与资格的特殊性无法在现有的资格认证体系中呈现。参考、借鉴其他国家的幼儿教师资格制度，对我们具有启示。例如，新加坡幼儿培育署根据早期教育从业者在教育机构中从事不同的工作来进行划分，具体分为六种幼儿教师资格：管理者、教师组长或高级教师、教师及语言教师、托儿所一年级的早期儿童的保教员、婴儿的保教员、幼儿园的预备教师及托儿所的保教员助理。这种独立成体系的幼儿教师资格认证制度无疑具有多方面的优势。

2. 低学历的资格标准要求落后于教育发展的实际需求

按照《教师法》规定，具备幼儿师范学校毕业及其以上学历取得幼儿园教师资格，这项规定奠定了幼儿教师资格认证制度的学历标准是中专层次。随着经济社会发展水平的不断提高，师资学历水平的要求也逐步提高。所以，有学者提出："从我国幼儿教师资格制度实施的状况来看，现有幼儿教师资格的规定已暴露出诸多与经济教育发展不相适应、与幼儿教师专业化发展的教师教育理念不相适应等问题，具体表现在幼师起点的学历要求过低。"因此，针对当前我国幼儿教师培养的总体情况而言，应确定合理的学历标准，提升幼儿教师的专业水准。

3. 幼儿教师专业标准尚未与资格认证制度衔接

针对幼儿教育发展对于师资水平提升的要求，国家颁布了一系列规章制度，以规范幼儿教师资格认证，如《专业标准》，它是当前幼儿教师培养、培训的指导性文件，也是幼儿教师资格标准的重要文件，但是该标准还没有与幼儿教师资格认证制度相互衔接。

4. 幼儿教师资格认证制度分类不完善

幼儿园等学前教育机构中的工作人员有很多类别，包括幼儿园园长、幼儿园专任教师、保育员等。就幼儿园专任教师而言，根据教师工作年限不同、经验不同，还可以分为班长教师、配班教师。此外，不同的学前教育机构，对于幼儿教师的要求也不同。例如，0—3岁的早教机构，幼儿教师对于幼儿身体照顾的要求会更高，也需要单独对这类教师进行资格认证，因此幼儿教师资格认证制度的分类尚需进一步细化。

（四）我国幼儿园教师资格制度的完善措施

1. 完善幼儿教师资格标准，满足地方实际需求

幼儿教师是一种专业性很强的职业，任职资格标准应由具有专业素质与能力的专家予以确立。例如，美国的幼儿教师任职资格由美国师范教育者协会和全美幼儿教育协会共同制定，日本则由文部省制定相关要求，通过立法明确教师资格。我国目前还没有一套独立、完善的幼儿教师资格考核标准，教师资格认定与资格证书管理主要由教育行政部门直接负责，在此体制下所制定的标准带有明显的行政色彩，能力、素质要求严重滞后，不能切合教学实际需要。

因此，我国需要在已有基础上，适当借鉴相对成熟的会计、医生等职业资格标准体系建设经验，制定一个专门的、由专家团队参与认证的幼儿教师资格标准。政府组织专家实际调研，总结归纳出幼儿教师必须具备的核心能力与素质，从而形成体现幼儿教育专业属性的幼儿教师资格标准。这套标准要由全国和地方两级体系共同构成，以此充分体现地区差异。全国体系主要侧重幼儿教师的基本能力和学科知识要求，保障教师的基本资格；地方体系则以全国体系为参照，根据本地区的幼儿教育发展需求，主动调整幼儿教师资格标准内涵，制订适合省情的灵活标准。教育主管部门需要迅速转变职能，由直接行政管理变为执行的监督部门，主要担负政策颁布与宣传的职责。

2. 丰富幼儿教师资格类型，细化幼儿教师资格证书等级

我国目前的教师资格证书只是笼统地分为七类，聚焦到幼儿教育则只有幼儿教师资格证书，没有对证书的类型进行细分，这就容易导致幼儿教师资格证书被当成教师从业的"执照"及应付教育主管部门检查的"工具"，而赋予证书本体的价值与指导规范作用则丧失殆尽。参照国外经验，我们需要丰富幼儿教师资格证书类型，细化证书等级，规避教师资格证书的执照化和终身化问题。我们可以根据有效使用年限将教师资格证书分为短期证书和长期证书。短期证书主要针对初次踏入幼教行业的新手型教师，有效期限可为1—2年；长期证书是短期证书期限满后，对教学成绩考核合格者颁发的证书，此证书有效期限可适度延长，以10年为一个更新周期；同时，为促进教师专业发展，又可将长期证书分为一般证书和专家证书，通过可操作的学科知识与能力水平评定标准，颁发相应证书。

3. 提高幼儿教师资格认证标准

在世界上许多发达国家，申请教师资格人员的最低学历为大学本科。目前，我国大部分师范院校已经开始培养本科及更高学历的幼儿教师，幼儿教师的学历将由专科过渡到本科，这也是我国高校对幼儿教师的培养趋势。只有提高幼儿教

师准入学历，改善幼儿教师的学历结构和素质，才能缩短与其他发达国家学前教育事业的差距。

4.丰富幼儿教师资格认证办法和内容

我国幼儿教师资格认证注重知识、能力的考核，忽略了个体与职业是否匹配，换言之，申请人员即便通过考核，却未必具有幼儿教师的专业情感，未必能成为优秀的幼儿教师。因此，在幼儿教师资格认证中应增加职业测评机制，对申请幼儿教师资格的人员进行初步筛选，既可以为学前教育的发展提供具有教师素质的人员，又可以将不适合从事教师职业的人员分流出去，实现人力资源的合理分配。

非师范专业的毕业生，必须接受一定培训和考核，方可提出申请参加教师资格考试。另外，我国应该效仿国外一些国家，对于通过教师资格考试的人员颁发临时教师资格证书，实习期满，实习成绩合格后颁发教师资格证书。

对于幼儿教师资格认证内容来说，笔试内容除了考察教师职业道德与基本素养，还要适当侧重对学前教育原理、保教知识与能力的考核，确保考核内容具有针对性。关于面试，主管教师资格认证的机构，要成立专家认定小组。还可以参考申请人在幼儿园或其他学前教育机构工作经验的证明材料，以全面考察其资格，进一步筛选出具备幼儿教师专业素质的人员，严格控制幼儿教师资格准入关口。

5.加强对幼儿教师资格准入的监管

为了保障幼儿教师资格认证制度的实施，应明确各级职能部门的职权，取消培训机构对幼儿教师资格准入的权利，成立专门的监督机构，严格执行教师资格制度考试，杜绝教师资格考试流于形式的现象。还需建立配套的管理制度，增加监管力度，对在幼儿教师资格认证制度中弄虚作假、买卖教师资格证书者进行核实，依法处理。对聘用无教师资格证书人员从教的幼儿园和机构，也应视为违法违规聘用，通过法律手段对其进行惩罚。

随着我国教育事业的发展，幼儿教育在受到广泛关注的同时，也面临着新的挑战。因此，需要尽快完善幼儿教师资格认证制度，严格监控准入关口，促进幼儿教师资格认证工作规范化，从根本上提高幼儿教师质量，促进学前教育的发展。

二、幼儿园教师的权利

（一）教育和教学权

我国《教师法》规定，教师享有"进行教育教学活动，开展教育教学改革和实验"的权利。

教书育人不仅仅是幼儿园教师应尽的职责，也是他们应当享有的权利。任何组织和个人都不得非法剥夺在聘幼儿园教师从事教育活动、开展教育改革和教育实验的权利。

（二）科学研究和学术活动权

《教师法》规定，教师有"从事科学研究、学术交流，参加专业的学术团体，在学术活动中充分发表意见"的权利。

《幼儿园工作规程》规定，幼儿园教师有权"参加业务学习和保育教育研究活动。"

幼儿园教师享有教学科研的权利，也应当对其加以充分利用，不断通过教研活动攻克难题，为幼教工作多做贡献。

（三）管理幼儿权

《幼儿园工作规程》规定："保育员在教师的指导下，管理幼儿生活，并配合本班教师组织教育活动"。

（四）指导和评定幼儿的权利

《教师法》规定，教师有"指导学生的学习和发展，评定学生的品行和学业成绩"的权利。

（五）按时获取报酬的权利

《教师法》规定，教师有"按时获取工资报酬，享受国家规定的福利待遇以及寒暑假期的带薪休假"的权利。

一方面，只有真正享有获酬权，幼儿园教师的生存、生活才能得到保障，也才能将更多的心力投入幼儿教育实践之中；另一方面，也只有对幼儿园教师的获酬、休假权益加以保障，才能吸引更多优秀人才投身幼儿教育事业，不断壮大幼儿园教师队伍，使其稳定发展。

（六）参加进修和培训的权利

《教师法》规定，教师应享有"参加进修或者其他方式的培训"的权利。

（七）参与幼儿园民主管理权

《幼儿园工作规程》规定："幼儿园应建立教职工大会制度或者教职工代表大会制度，依法加强民主管理和监督。"

《教师法》规定，教师有"对学校教育教学、管理工作和教育行政部门的工作提出意见和建议，通过教职工代表大会或者其他形式，参与学校的民主管理"的权利。

教师参与幼儿园的管理方式主要是通过教职工代表大会对幼儿园的工作提出自己的意见和建议，对幼儿园的管理者实行监督。园方应保障教师这一权利的行使。教师应以主人翁的态度履行自己的权利，推进幼儿园的民主建设，提高幼儿园管理的效率和水平。

（八）享受特定节日权——教师节

《教师法》第六条写道："每年九月十日为教师节。"表明国家对教师的尊敬，也表明教师地位的提高。

三、幼儿园教师的义务

权利与义务在法律关系上相对应而存在，二者互为条件、相互依存。教师的义务是从事教育教学工作必须履行的责任，表现为幼儿园教师在教育活动中必须做出一定的行为或不得做出一定的行为的约束。根据现行的法律、法规，幼儿园教师应履行以下义务与职责。

（1）幼儿园教师的义务

①遵守宪法，法律和职业道德，为人师表；

②贯彻国家教育方针，遵守规章制度，执行幼儿园保教计划，履行聘约，完成工作任务；

③按照国家规定的保教目标，组织，带领幼儿开展有目的，有计划的教育活动；

④关心，爱护全体幼儿，尊重幼儿人格，促进幼儿的全面发展；

⑤制止有害于幼儿的行为或其他侵犯幼儿合法权益的行为，批评和抵制有害于幼儿健康成长的现象；

⑥不断提高思想政治觉悟和教育教学业务水平。

（2）幼儿园教师的职责

《幼儿园工作规程》对幼儿园教师的职责做出详细、具体的要求。《幼儿园工作规程》第四十一条规定，幼儿园教师对本班工作全面负责，其主要职责如下：

①观察了解幼儿，依据国家有关规定，结合本班幼儿的发展水平和兴趣需要，制订和执行教育工作计划，合理安排幼儿一日生活；

②创设良好的教育环境,合理组织教育内容,提供丰富的玩具和游戏材料,开展适宜的教育活动;

③严格执行幼儿园安全、卫生保健制度,指导并配合保育员管理本班幼儿生活,做好卫生保健工作;

④与家长保持经常联系,了解幼儿家庭的教育环境,商讨符合幼儿特点的教育措施,相互配合共同完成教育任务;

⑤参加业务学习和保育教育研究活动;

⑥定期总结评估保教工作实效,接受园长的指导和检查。

(3)现代教育对教师素质的提高有了新的要求。对于幼儿园教师来说,主要侧重以下几个方面:

①有高尚的生活目的和道德品质。

②热爱幼教事业,热爱幼儿,具有教学机智;

③有一定的教育理论素养,懂得和掌握幼儿教育教学的基本规律;

④了解幼儿教育发展的最新成就和动态;

⑤有组织教学活动和社会活动的能力以及探索开拓的创新能力;

⑥有健全的体魄和文明的举止。

第三节 当代幼儿园教师的角色要求

一、角色与幼儿园教师角色

"角色"一词原本是戏剧术语,它原意是指演员在某场戏剧中扮演的那个人物所具有的特征。社会就像是一个大舞台,社会上的每个人都是舞台上的"演员",社会对处于某一社会位置上的角色都有一定的要求,这就是社会对角色的期待,或称之为"角色期待"。

幼儿园教师的角色即社会对幼儿园教师的期待,指与幼儿园教师地位、身份相联系的被期待的行为。这些期待中既有幼儿园教师自己对自己的期待,也有家长、幼儿园领导、幼儿、政治家或社会公众对幼儿园教师的期待。

二、幼儿园教师职业角色的要求

幼儿园教师面对幼儿时所扮演的角色,其实就是幼儿园教师在幼儿学习与生活中想要做一个什么样人的问题。幼儿园教师扮演的角色与幼儿相辅相成，与幼儿园教师的教育观也有着一定的联系。幼儿园教师将自己当成幼儿长辈的时候，幼儿就是教师的晚辈，在教育幼儿时就需要像长辈对待晚辈一样进行支持与引导；幼儿园教师将自己当成幼儿知心朋友的时候，幼儿与教师就是平等的朋友关系，在教育幼儿时就需要与幼儿进行平等的交流与合作。这就对当代幼儿园教师的角色提出了明确要求，唯有清楚定位，才能更好地完成幼儿教育工作。具体来说，要做到以下几方面。

（一）幼儿园教师应当成为幼儿学习活动的支持者

幼儿教育是全面的、具有启蒙性的教育。在园期间，幼儿园教师要通过健康、语言、社会、科学、艺术等五个领域的综合培养，从不同角度促进幼儿情感、态度、能力、知识、技能等方面的全面发展。围绕这一目标，以游戏为主体的幼儿学习活动、师幼互动成为主要形式。幼儿园教师要积极创设安全、愉快、宽松的学习环境，把自己曾经的管理者、控制者角色及时转换为现在的参与者、支持者角色，支持幼儿互动行为，包括各种积极的、消极的、逗趣的及搞怪的互动行为，顺着幼儿思维，顺势引导和矫正。首先，要在情感上支持。幼儿园教师要以关怀、尊重和接纳的态度，对幼儿新异的发现、新奇的想法、新颖的表演等均给予必要的肯定、鼓励和支持，并要敏锐地把握每个幼儿面临的问题和需要，主动倾听、接纳和解答幼儿的疑惑。其次，要在生活上支持。要在教育教学实践中创造愉快温馨的环境，在组织就餐和午休中关心和帮助幼儿，特别对个别自理能力不强、体质较差的幼儿、坚持用爱和温暖感化他们，教给他们生活的方法和自我安全保护事宜，以实际行动支持幼儿生活能力的不断提高。第三，要在活动中支持。幼儿的学习活动多以游戏为主，动手动脑和跳舞唱歌较多，教师不仅要以身示范，还要主动融入，积极互动，提前准备好学习和活动必需的资料，在活动中支持每个幼儿都有参与实践和体验的机会。

（二）幼儿园教师应当成为幼儿学习活动的合作者

在当前信息化社会，教师的权威已经不存在传统意义上的"权威"，教师的角色也由"独奏者"转变为"合作者"。

"合作共赢"是已经被诸多实践证明的成功发展模式。幼儿园教师成为幼儿学习活动的"合作者"，同样能够达到"双赢"的目的。幼儿园教师作为"合作者"，传统意义上的教师作用并没有被彻底否定，而是得以重新构建。幼儿园教师以伙伴身份参与幼儿的活动，在平等互动中不断增进友谊、建立感情、取得信任，通过教师与幼儿平等无间的对话合作，将幼儿园教师原来的"独奏"变为师幼"共鸣"，达到潜移默化的教育效果。幼儿作为"合作者"，在教师的参与中感受教师的亲和力，从而大胆地表现自己，唯有这样，教师才能真正观察到最真实的幼儿，掌握他们的成长状况，为培养和挖掘幼儿潜能奠定基础。另外，互动合作使幼儿园教师的职业幸福感也得到了充分体现，教师在适宜的时候介入幼儿学习活动，与他们分享成功、快乐的喜悦，幼儿从中感到教师不再是"裁判者"和"评价者"，而是他们能够共同分享的一项"资源"。在他们需要支援时，就可以从教师那里获得帮助。这样的互动包含着智慧的激发与碰撞、经验的交流、情感的共享，使每个教师和幼儿都能感受到来自对方的支持，使互动的动机更强、效果更好。

（三）幼儿园教师应当成为幼儿学习活动的引导者

在幼儿学习活动中，既要发挥幼儿的积极性和创造性，也要确保科学性和完整性。幼儿园教师不仅要成为幼儿学习活动的组织者，更要成为幼儿成长的引导者。例如：在竞技游戏中，引导培养幼儿积极进取的品格；在手工和绘画中，引导培养幼儿动手动脑习惯；在唱歌跳舞中，引导形成幼儿团结协作意识；在故事会中，引导固化幼儿真善美标准等。面对充满好奇、充满求知欲望的幼儿，教师的启发和引导是促进幼儿全面健康发展的基石。如果说，支持与合作是更多地取决于幼儿园教师自身的教育观、儿童观，更多地体现幼儿园教师的情感曲线。那么引导则取决于幼儿园教师的教育智慧、教育艺术和驾驭教育方向的能力。在教育活动中灵活地扮演最适宜的角色并与幼儿建构积极、有效的师生互动，才是幼儿园教师工作中最本质、最富有挑战性的环节，幼儿园教师的作用才得以最突出的体现，真正实现幼儿园教师角色的转换。

第二章 幼儿园教师的职业素养

百年大计,教育为本。近年来,随着经济的发展、社会的进步,我国的学前教育事业实现了跨越式的发展,但学前教育仍是教育体系中最薄弱的环节。幼儿园教师的职业素养很大程度上决定着学前教育的质量与成效,需要特别加以关注。本章立足幼儿园教师的职业道德、专业知识和专业能力三方面,对幼儿园教师的职业素养进行详细论述。

第一节 幼儿园教师的职业道德

一、幼儿园教师的职业道德内涵

职业道德是主体在进行职业活动中要遵循的一种道德规范。因此,职业道德归属于道德的整体范畴,不仅具有道德的一般性,而且兼具了不同职业的道德特性。

教师职业道德指的是从事教育工作的人员在教学实践中所必须要严格遵循的道德规范与职业准则。教师职业道德的形成与不断提升与教育实践活动的实施紧密相关,在一定程度上影响着教师的职业心态、职业理想和职业目标。教师职业道德可以有效地调节教师与教师、学生、学校责任主管及学生家长之间多方面的道德关系,是一般社会道德在教师职业中的特殊体现。

幼儿园教师的职业道德与普遍意义上的职业道德存在较大的差异性,其既具有职业道德的一般性、教师职业道德的具体性,也具有教师角色的特殊性。因此,幼儿园教师职业道德内涵丰富而具体,体现出了示范性、主体性、广泛性等多种特点。古往今来,人们对教师这一神圣的职业予以了高度的尊重。在我国,"春蚕到死丝方尽,蜡炬成灰泪始干"等无数赞美教师的诗篇,表明了教师在中华民族发展中做出的巨大贡献。幼儿园教师的出现是对社会发展现实需求的回应，体现了人类对生命的价值尊重和科学的社会逻辑设计。幼儿园教师职业道德自幼儿园教师这一职业出现伊始，便始终伴随着幼儿园教师的工作实践。幼儿园教师的职业道德是整体职业道德的一个分支，是幼儿园教师实现社会价值和角色价值的依据。幼儿园教师的职业道德是传统"师德"的时代表现，是整体社会道德在幼儿教育职业中的特殊体现。幼儿教育工作与普通的教育工作存在较大差别，不仅要育人，而且要为幼儿付出更多的关心与照料，既有知识层面上的教育，又兼具生活上的引导，因此幼儿园教师的工作繁杂，尤其考验幼儿园教师的职业道德水平。因此，幼儿园教师的职业道德是职业道德的独立系统，是幼儿园教师在进行日常工作中所体现出的对职位和工作内容的认同，并在此基础上形成正确的职业价值观念。

幼儿园教师的职业道德是对幼儿园教师、幼儿、幼儿家长之间关系的有效调节，有利于幼儿园教师认清职业角色，内化职业规定，增强对幼儿教育事业的热爱，对幼儿形成深沉的"爱"与"奉献"之情，以高尚的人格情操与职业道德操守，全身心地投入幼儿教育中，为幼儿的成长与成才服务。在新时代背景下，我国培育时代新人的任务艰巨，幼儿园教师是否具有高尚的职业道德关系到我国"育新人"任务的成败。幼儿园教师只有养成了良好的职业道德习惯，正确、理性地处理好幼儿教育过程中的师生关系，树立崇高的职业理想和奋斗目标，才能恪守职业道德，遵循职业规范，不断提升自身的道德水平，为我国的学前教育事业的发展贡献出积极的力量。

二、幼儿园教师的职业道德特点

幼儿园教师因教育对象、工作内容及工作目标等具有特殊性，因此幼儿园教师的职业道德与普遍意义上的职业道德或整体教师的职业道德存在一定的差异，体现出了鲜明的特点。

第一，道德引领性。幼儿园教师职业道德的引领性指的是幼儿园教师在道德言行上对幼儿的引领作用。教师只有自身具备了良好的道德水准，在职业实践中体现出应有的职业道德，才能够"为人师表"，成为教育对象模仿和参照的道德标杆。道德是教师育人的根本，幼儿园教师在培育幼儿时，不仅要教授幼儿可理解的知识，更重要的是要有足够的耐心去抚育幼儿，而耐心是品行的重要表现形式，幼儿园教师需要以自身高尚的品德和足够的耐心，潜移默化地影响幼儿，让孩子在幼儿时期逐步培养优良的品德，养成良好的行为习惯。幼儿园教师是教师群体中的特殊人群，由于教育的对象是低龄幼儿、儿童，他们正处于乐于模仿、喜爱探索的关键时期，对幼儿园教师的依赖和敬畏心理较强，往往会模仿教师的言行举止，并在一定程度上逐渐形成与幼儿园教师相似的价值判断，在潜意识中将幼儿园教师的道德实践作为道德榜样和道德参考标准。因此，幼儿园教师良好的职业道德对幼儿的成长具有引领性，对幼儿道德观念的发展具有潜移默化的熏陶作用，这要求幼儿园教师必须拥有高尚的职业道德，始终坚持以身作则，为幼儿树立良好的道德榜样。

第二，主体自觉性。道德本身的非强制性意味着主体要遵循道德要求必须要依靠自觉性。职业道德的功能之一是唤醒主体在工作中的道德自觉，使主体通过对道德文化的主观认同，形成职业道德自觉意识。幼儿园教师是学前教育的主力军，是中国特色社会主义文化的传播者和创造者，不仅要培养幼儿生活自理能力，开发幼儿的智力，还要帮助幼儿树立正确的价值观和道德观。因此，幼儿园教师必须要从内在出发，对遵守职业道德、承担育人责任拥有强烈的自觉性。幼儿教师只有自觉遵守职业道德、自觉进行道德实践、自觉加强道德反思，才能带着使命感开展幼儿教育工作，更加深入地融入幼儿的生活中，使幼儿不断地形成一定的社会性特征，使幼儿在正确道德观念的引领下融入集体生活，使幼儿在互动学习、游戏锻炼中不断提升道德品质。

第三，影响广泛性。幼儿园教师职业道德的广泛性指的是其职业道德的影响具有广泛性。幼儿园教师作为负责照顾和教育幼儿的"一线人员"，往往受到社会的普遍关注，接受更加严格的监督，因此对幼儿园教师的道德要求也更高、更严格。幼儿园教师的职业道德行为不仅对幼儿成长具有直接影响，更会传递给家庭和社会。幼儿园教师职业道德对幼儿的健康成长具有一定的影响，随着幼儿的不断成长，这种潜在的、持久的道德范式将在更广泛的社会实践中体现出来，对一个人、一个社会的影响十分深远。因此，幼儿园教师的职业道德的影响具有广泛性。

第四，评价全面性。一是幼儿园教师的职业道德涉及多种道德内容；二是对幼儿园教师的职业道德评价具有全面性。幼儿园教师职业道德评价的全面性指的是对幼儿园教师的道德信仰、道德理想、道德观念及道德行为的全面评价。随着时代的发展，对幼儿园教师职业道德的评价标准为：是否能在强烈的职业责任的感召下不断加强学习，与时俱进地增强道德品质和能力素养。因此，对幼儿园教师职业道德评价要涉及多方面的内容，幼儿园教师职业道德评价也是一个体系不断丰富、形式不断变化的创新过程。

第五，情感丰富性。只有胸怀热忱、拥有仁爱之心，才能够形成幼儿教育所需要的道德情感。幼儿园教师在教育实践中，保护幼儿是第一位的，第二位才是教育，保护是幼儿教育的首要任务，也是幼儿园教师的职业道德情感向幼儿传递的主要方式。因此，从整体学前教育来看，对幼儿的教育和引导可以称之为是一种爱的教育。"爱"是连接幼儿园教师与幼儿情感的桥梁，也是二者之间最契合、最自然的连接点，是一种难能可贵、超越亲缘关系的高尚社会情感。幼儿园教师职业道德的关键在于对幼儿充满爱护之心，以爱浇灌幼儿的成长过程。

幼儿园教师的职业道德与其他教师相较而言，十分特殊，其所付出的情感和精力更多，付出的爱护更具体。主要体现为情感细腻、事无巨细、关爱的付出、智慧的育人方法及良好的情绪控制能力。从这一点而言，在职业道德情感上，幼儿园教师的职业道德情感更加丰富，更加人性化，不仅具有教师对学生的关爱，更兼具母亲对幼子的呵护，这也是幼儿园教师职业道德被人们所认同的主要原因。

三、幼儿园教师职业道德现状分析

（一）幼儿园教师职业道德的要求

1. 爱岗敬业方面

爱岗敬业由热爱幼教事业，有合作、奉献精神，有责任心、传播正能量三方面构成。爱岗敬业是教师职业的本质要求。爱岗，即指热爱自己的职业，具有职业理想，能够在职业活动中体现自我价值。

幼儿园教师只有热爱自己的职业，热爱自己的岗位，才能在教学活动中做到寓教于乐。敬业，即尽心尽力完成自己的本职工作，同时还需要有合作、奉献精神。"完成自己的本职工作"看似简单，但是在工作过程中存在"敷衍了事"和"精益求精"两种截然不同的态度，前者虽然能够完成工作任务，但是由于不用心、不用力，工作成效往往得不到保证，也谈不上追求教育质量；后者则是尽心尽力，能更好地实现教育教学质量的提升，更好地帮助幼儿健康成长；而合作和奉献精神恰恰体现出了幼儿园教师职业的特殊性，那就是和谐融洽的人际交往能力，幼儿园教师合作的对象不仅有同事，还有幼儿和家长。所以，幼儿园教师只有具有更好的敬业精神，不断学习更新新知识、新理念，加强合作与创新，才能在职业奉献的过程中实现人生价值。

2. 幼儿为本方面

幼儿为本包含三方面，分别是关爱幼儿、尊重幼儿和平等对待幼儿。

所谓"以幼儿为本",就是尊重幼儿的自身体验与主观感受。应当将幼儿当作一个独立的个体看待,平等地对待他们,让幼儿有着属于自己对周围世界的认识。幼儿对事物的感受和认识不同于成人,教师应该尊重他们独特的想法,尊重幼儿的个体差异性,做到因材施教,鼓励幼儿以他们的视角和理解去表达,挖掘他们的潜能,开启幼儿智慧之门,为幼儿创设丰富适宜的成长空间。

以幼儿为本,让幼儿相信他(她)拥有让自己变得更好的力量。温馨和谐的心理氛围、良好的教育教学条件、科学正确的引导等都是实现幼儿为本、身心健康发展的必要条件。幼儿的健康成长需要我们在各方面相互提高的过程中逐渐变为现实。

幼儿园教师热爱幼儿,这不是一句口号,更不是一种形式,而是一种渗透在具体教学过程的体现。新时代对教师的要求具有更高的层次,要求幼儿园教师具有更高的责任感和使命感。因此,关注到每一位幼儿,满足他们的心理需求,这需要每一位幼儿园教师把关爱无私地倾注到幼儿的成长中。

首先,要成为幼儿的朋友。教师要时刻保持一颗童心,只有用坦诚、信任、平等的态度,友好地和幼儿交往,才能让幼儿感受到你的爱;同时,教师还需要多关注个别幼儿,引导他们融入集体。

其次,要尊重每一个幼儿的独立人格。每位幼儿都有他的独立性、自主性和创造性,教师心中应有一杆秤,平等地尊重每一位幼儿,不挖苦、不讽刺、不歧视每一位幼儿。

最后,要客观、公正地评价幼儿。教师的评价对幼儿来说往往很重要,幼儿期待的眼神会直观地告诉你,他在乎你的看法和评价;一位好教师,会坚持正确的价值取向,改变横向比较的方式,将每一位幼儿的闪光点放大,会让幼儿更相信自己,更具有安全感。

3. 为人师表方面

幼儿教师应该为人师表、言传身教,由于幼儿具有比较强的模仿能力,思想文化意识尚未真正形成,因此幼儿教师的言行举止会在很大程度上影响幼儿优良品质的培养及形成,幼儿教师应该以身作则,给学生带好头,成为其学习的榜样。

一方面,幼儿园教师要重视与幼儿之间的礼仪。不挖苦、不讽刺幼儿,尊重幼儿的个体性和差异性,做到因材施教,这也是幼儿园教师良好行为规范的表现。另一方面,幼儿园教师要重视与家长之间的礼仪。应当与家长保持有效沟通,在沟通过程中,始终注意礼仪规范和技巧。即使家长不高兴,教师也应该保持冷静,待家长情绪平静后再进行沟通。

4.终身学习方面

许多优秀教师对每一次教学活动的设计与实施,都是凭借自身不断学习的态度来获取新知识、新理念,充实到自己的教育教学活动当中。这意味着教师必须树立终身学习的理念,博览群书,不断充实自己的知识,使自己的知识如潺潺流水,永不枯竭。

终身学习由反思学习、积极创新、潜心研究业务三个方面构成。

教师的专业文化素质也是幼师职业道德的一个重要内容。如果幼儿园教师不懂业务,没有专业文化修养,那便是误人子弟。终生学习,是幼儿园教师学习和发展的目标,它是一个连续的、动态的过程。幼儿园教师是幼儿的第一任正规教育的师长,在继续学习方面应敢为天下先。目前,从幼师的现状来看,无论是学历,还是学识专业能力水平都落后于时代的要求。因此,幼儿教师要充满紧迫感,要有超前的意识,努力通过自学、培训、进修、岗位练兵等各种渠道,学习幼儿教育理论,熟知幼儿教育学、心理学及科学的管理方式,尽快地提升学历,使自己懂业务、熟专业,练就过硬的跳拉弹唱基本功,在幼儿教育的天地里施展才华。

(二)幼儿园教师职业道德存在的问题

现实中,幼儿园教师的师德从总体来看表现是积极的,但也存在一些问题,主要有以下几方面。

1.法律、法规意识缺失

在意识形态领域,法律意识形态具有重要作用。幼儿园教师要进行依法保教,必须要先培养法律意识形态。只有教师做到了知法、懂法和守法,才能够使得幼儿的身心健康得到保障,教育事业才能够得到更好的发展。

当前,大多数的幼儿园教师有关幼儿教育的相关法律法规都是比较重视的,但是有一些教师对其了解还是不够深入,对相关法律法规的学习意识还比较缺乏,认知程度不够。

2.教育行为规范及责任感缺失

我国陆陆续续颁布一系列关于教师的规章制度,如《幼儿园工作规程》中对幼儿园教师在内的幼儿园工作人员的职业道德有一定的要求,再如《专业标准》通过"教师专业理念和师德"这一维度对幼儿园教师职业道德进行了很好的解读与规定等。这一系列的规章制度是外在的约束,是对幼儿园教师的职业道德进行的规范,但幼儿园教师在日常工作中,常常忽视了要以此为据规范自己的行为。部分幼儿园教师在态度上还存在一定的问题,教学积极性低,缺乏敬业精神,其职业道德需要进一步提高，道德素养需要不断加强。

3. 师德培训效果不理想

（1）师德培训方向不明确

教师职业道德培训方向不明确是培训工作的难题，从幼儿教育机构的管理部门到幼儿教育机构自身，都没有系统地对师德培训做出合理的规划，导致培训工作的落实和效果验收情况都流于形式，为了培训而培训，完全起不到应有的培训效果。过于浓厚的政令色彩，往往难以调动幼儿园教师自身加强师德修养的主观能动性；而当前科学的师德培训机制的空缺，又会使师德培训工作难以取得令人满意的效果。由于师德培训缺乏指向性，幼儿园教师职业道德培训难以发挥应有的作用，客观上容易造成违背幼儿园教师职业道德操守行为的出现。

（2）不能正确认识师德培训工作的意义

目前，无论是幼儿园教师入职培训、在职进修、继续教育还是日常的学习工作等，园内教师很少有学习教师职业道德素养的机会，针对幼儿园教师职业道德素养的培训寥寥无几。叶平枝认为，教师教育缺乏针对性和层次性，重视教育技能的培训，忽视师德教育。徐慧阳认为，幼儿园教师的培训工作中也存在针对性不强的现象，培训大都是由上级部门指示安排的。在培训内容上存在重视知识而轻视能力，重视技能而轻视师德的现象。可见，在幼儿园教师入职后的一系列的学习中，对专业道德素养的培训不够重视。现有的培训也大多是形式单一，以传统的讲授为主，较少考虑幼儿园教师的心理特点，针对性不强。

近年来，相继出现了一些幼儿园教师体罚和虐待幼儿的事件，再一次引发了社会大众对幼儿园教师职业道德的强烈关注。社会各界强烈呼吁加强幼儿园教师的职业道德培训工作，但仍有一些幼儿园教师从思想上忽视，在工作中懈怠，认为自己没有问题，放松对自身的严格要求，没有真正认识到师德培训工作的重要性。此外，因为考虑到参加师德培训与年底的考核或绩效评定挂钩，一些幼儿园教师参加师德培训只是为了完成既定的工作任务，没能真正用心地去体会和学习培训内容。

（3）师德培训缺乏"以人为本"的精神

师德培训应以道德认知和道德情感为前提，任何脱离这两点的培训都是空洞无力的。与过去相比，当前的幼儿园教师职业道德建设，在条文规范方面更加细致具体，但在如何让幼儿园教师更有效地吸收和运用方面，却没有一套行之有效的方法，相关的主管部门和幼教机构缺乏对幼儿园教师师德状况的具体调研，师德培训也只是按照主办方的方式来强加灌输，简单直接地告诉你"你要怎么做"，而不是通过师德培训教老师自觉认识到"我要怎么做"。这种指令化强制灌输师德培训的方式，因缺乏对幼儿园教师应有的人文关怀和理解，不能很好地以幼儿园教师为培训对象去制订培训内容，从而不能令其从主观上对师德培训产生兴趣。其结果是，不仅无法养成幼儿园教师优秀的品德和行为，反而成为许多幼儿园教师的思想包袱，不仅使师德培训自身丧失了道德性，也使师德培训的效果消解殆尽。

（4）师德培训内容不丰富

随着新时代的到来，学前教育的任务更加艰巨，目标也更加高远，培养幼儿园教师的职业道德，必须要在内容上与时俱进地实现丰富和创新。目前来看，我国幼儿园开展的职业道德教育的内容体系比较单一。多数幼儿园将幼儿园教师的专业能力视为职业道德的一部分，比较注重对制度的要求，主要讲授的是国家关于学前教育及幼儿园教师职业道德的相关标准、规定和意见，而对马克思主义理想信仰教育、社会主义核心价值观教育、中华优秀传统文化教育以及心理健康教育等涉及不深入、不充分，尤其缺少对真实幼儿园教师反面和正面人物的分析，案例教育不足。幼儿园教师职业道德建设内容的时代性不足，对学前教育在新时代中"育新人"的任务内化不深、了解不够。

4.师德监督管理不科学

（1）忽视幼儿园教师的主观能动性与职业特点

幼儿园教师职业道德规范的制订者往往只注重传统价值观对教师的要求，单纯地从自身角度出发来制订规范内容，没有真正深入一线去体会和感知幼儿园教师的内心。这种刻板的条令式规范没能将幼儿园教师置于规范之中，属于强制性的规定，幼儿园教师成为被规范监管的对象，为了便于管理而进行的枯燥的模块化监管，忽视了幼儿园教师尊严，只会使幼儿园教师从心理上产生抵触，使规范成为一纸空文，与起初制订幼儿园教师职业道德规范的核心价值和目标渐行渐远。道德规范口号化、内容空洞，缺乏对职业道德活动具体规划和可操作性，让幼儿园教师在良好道德行为的建立上缺乏可供操作的依据，难以体现出幼儿园教师工作的专业特点。

（2）将"师"与"道"等同的不合理性

我国古代教育思想认为，"师"与"道"是统一的，尊师就意味着重道，将教师的道德上升到崇高的地位，既然师就是道，那又何须建设、培养和监管呢？将个别教师所能达到的道德修养境界作为"普世价值"进行标榜，就会造成现实中的道德监管难以有效实施。幼儿园教师也不例外，如果忽视幼儿园教师的职业性，不能按照普通的社会从业者平等对待，那么对幼儿园教师的师德培养和师德监管就只会流于形式。

5. 幼儿园教师师资不足、待遇偏低

一方面，目前我国还没有制定统一的《幼儿园教师职业道德规范》，在幼儿园教师之中，大部分的教师缺乏法律层面的相关意识，学历及年龄的程度都不一样，有的甚至没有从业的资格，而这一系列问题的存在，都会对学前教育产生一定的影响，不利于其健康发展。

另一方面，从福利及待遇上来看，幼儿园教师的工资比较低，工作时间又比较长，同时还缺乏编制，和公办幼儿园教师相比较，他们做的是相同的工作，但是酬劳却不相同，甚至有的酬劳都不能够维护平时的生活，这样就会导致幼儿园教师缺乏责任感，不具备主人翁的意识，久而久之，就会产生消极的心理，不热爱孩子，缺乏耐心，教学的质量就会受到一定的影响，从而不利于教师队伍的稳定建设。

6. 幼儿园教师间缺乏合作

（1）团队意识欠缺

幼儿园教师在工作中始终应该强调的就是团队合作精神。但在实际工作中幼儿园教师之间协同合作的培养却很难实现，严重影响了幼儿园的团结，阻碍了幼儿园工作改进的进程。合作意识欠缺的原因有很多，主要有以下几方面。

①个人主义泛滥。某些幼儿园教师喜欢凸显个人能力，乐于表现自己，忽略同事感受，在遇到问题时也往往偏向于依靠个人去解决，忽视团队合作的力量。

②对于幼儿园教师职业的看法不同。有的幼儿园教师只是把自身职业当作养家糊口的一份工作，纯粹只为谋生，工作时不会全身心地投入；有的幼儿园教师则把自身职业当作实现自我人生价值的阶梯，一步一步认真踏实地工作，在陪伴幼儿的过程中体会到了工作幸福与快乐。工作观念的截然不同，很容易使他们在工作中产生矛盾。

③教学能力差异。幼儿园教师教学能力不同，有的教师能力强，要求也相对较高，有的教师能力弱，要求相对较低，双方合作时，因要求不同，在缺乏沟通的情况下，就容易产生矛盾和分歧。

（2）团队职责分工不明

在幼儿教育教学工作中，教师团队合作的职责分工不明确。在工作中通常以能力较强的一方为主，另一方只是单纯的帮助和配合，即使另一方有能力、有意愿更多地参与到团队合作当中来，也往往得不到实践的机会，久而久之就会失去合作的动力，影响自身专业的发展。

（3）团队合作环境不佳

①教师之间缺乏团队合作的空间。一方面，在幼儿园日常的教育教学工作中，合作的形式往往局限于同年级之间教师的合作。例如，大班幼儿园教师只与其他大班的教师互动合作，而与中班或小班之间合作却很少。考虑到幼儿的年龄差异，虽然这样的安排有时是必要的，但是这恰恰阻碍了幼儿园教师向更全面的方向培养幼儿，如果大、中、小班的老师可以互相学习和借鉴工作中的优点，对幼儿园教师的未来发展是大有裨益的。

另一方面，幼儿园教师日常的教学任务非常繁重，对于团队合作的项目，很难有足够的精力去研究和学习，即使幼儿园会组织开展半日开放或公开观摩课等有利于教师之间沟通和交流的活动，也很难激起幼儿园教师的积极性，活动最后往往流于形式而起不到应有的作用。

②教师之间的团队合作缺乏平台。

鉴于幼儿园的规模、教师资源和教学质量等多种因素，大部分幼儿园之间的合作往往被局限在一个非常有限的区域之内，相当长的时间内，合作的幼儿园就只是特定的几家，无任何新意。对条件不如自己的幼儿园，观摩合作的意愿不强，而对那些各方面条件都优于自己的幼儿教育机构，如果缺乏相关教育管理部门有效的组织与协调，合作观摩便很难实现。

四、幼儿园教师职业道德建设

（一）幼儿园教师职业道德建设的内涵及目的

幼儿园教师职业道德建设是在职业道德及教师职业道德内涵界定的基础上得出的，因工作的特殊性使然，幼儿园教师职业道德建设也与一般意义上教师职业道德建设在内涵和目的上存在一定的区别。

1. 幼儿园教师职业道德建设的内涵

幼儿园教师职业道德建设指的是以幼儿园教师为职业道德考察和教育的对象，采取调查评判、教育引导、文化熏陶及实践养成等方式，提升幼儿园教师对职业道德的认识、理论内化及实践转化的干预活动。幼儿园教师职业道德建设既包括刚性的制度要求，也包含柔性的情感目标，关注焦点是教师职业道德的发展及专业素养的发展，"突出师德对教师个体的积极意义"。幼儿园教师职业道德建设的宏观语境是学前教育的背景，指导目标和方向是新时代中国特色社会主义，核心命题是提升幼儿园教师的职业道德认识与能力，增强幼儿园教师对学前儿童的责任意识和关怀心理，促进幼儿园教师将职业道德内化成为个人的道德情感需要和行动习惯。幼儿园教师职业道德建设，使幼儿园教师实现身心统一的职业道德发展状态，自觉将职业道德内化于心、外化于行。

2. 幼儿园教师职业道德建设的主要目的

幼儿园教师职业道德建设包含多重目的，主要目的包括四方面，即深化幼儿园教师对职业道德及本职工作的认识，丰富幼儿园教师的道德情感，增强幼儿园教师的道德意志，养成幼儿园教师良好的职业道德习惯。

（1）深化职业道德意识

通过教育引导提升幼儿园教师对本职工作及职业道德的充分认识。道德认识是在新时代背景下加强幼儿园教师职业道德建设的重要内容和主要目的之一，是建立幼儿园教师职业道德内在体系的基础和前提。幼儿园教师只有经过科学的教育及引导，才能够深化对本职工作、对职业道德的认识，才能内化"立德树人、以人为本、以德为先、德才兼备"的育人理念，成为合格的幼儿园教师。

（2）丰富职业道德情感

幼儿园教师职业道德建设的目的之一是要丰富幼儿园教师的职业道德情感，将职业道德内化为幼儿园教师内在情感的一部分。幼儿园教师职业道德的发展要以深厚的道德情感为精神支撑，正是在职业道德情感的驱使下，在对幼儿强烈的爱的支持下，才使幼儿园教师不断在教学实践中，不断在原有教师职业道德的基础上，在对幼儿教育事业充满责任情感的前提下，形成包含博爱之心的幼儿园教师职业道德情感。因此，幼儿园教师职业道德建设的过程也是职业情感教育和养成的过程。幼儿园教师职业道德的情感培育及素质培养，使幼儿园教师实现从职业道德认识上升到职业情感的蜕变，进一步丰富幼儿园教师对幼儿教育职业道德的深刻理解。

（3）增强职业道德意志

在新时代中加强幼儿园教师的职业道德建设目的在于有效增强幼儿园教师的职业道德意志，使幼儿园教师强化应对消极思想、不当诱惑的能力。当前，复杂的社会环境及外来文化的干扰，使部分幼儿园教师的淳朴价值观念出现了偏颇，导致个别幼儿园教师的道德意志式微，道德标准降低。

因此，对幼儿园教师进行职业道德培育，关键要增强幼儿园教师抵御不良思想侵蚀、应对错误道德观念渗透的能力。一是要培养幼儿园教师克服困难、迎接挑战的勇气；二是要培育幼儿园教师战胜物质和金钱诱惑的自制力；三是要培养幼儿园教师超越自我、调节情绪的能力。幼儿园教师在与幼儿进行交流互动的过程中，要控制个人情绪，并以良好的情绪去感染幼儿，通过不断地自我反思和剖析，不断战胜自己，到达新的职业道德高度。因此，幼儿园教师职业道德培育的重要作用和目的是增强幼儿园教师的职业道德意志，使幼儿园教师自觉抵御消极思想的侵蚀，长期坚守职业道德操守，捍卫职业道德精神。

（4）养成职业道德习惯

幼儿园教师只有养成了良好的职业道德习惯，才能够长期、持久地坚持职业道德操守，将幼儿园教师职业道德规范转化成为自身的自然行为和实践。良好的职业道德习惯并非一日养成，而是需要长期的引导、熏陶及培训。我国《中小学教师职业道德规范》（2008年修订）中要求教师要"坚守高尚情操，知荣明耻，严于律己，以身作则"，这一点对幼儿园教师的职业道德建设同样适用。在新时代，进一步加强幼儿园教师职业道德建设，将有效引导幼儿园教师养成良好的职业道德习惯，使幼儿园教师在长期的教学实践中，对自身的职业道德行为进行反思，并形成更全面、更深层次的认识，从而使幼儿园教师的职业道德情感更加丰富，职业道德的意志更加坚定。

（二）幼儿园教师职业道德建设的主要内容

1. 引导和提高幼儿园教师对职业道德的认识

在幼儿园职业道德建设中，道德认识既是基础，也是重要内容。只有让幼儿园教师对幼儿教育工作的职业道德有了深刻的认识，才能成为以德为先、关爱幼儿的合格幼儿园教师。

2. 引导和丰富幼儿园教师职业道德情感

幼儿园教师的职业道德情感要以职业道德认识为基础，通过日常的教育教学活动，逐渐超越教师的基本道德原则和规范，形成以爱为基础的职业道德情感。

3. 引导幼儿园教师坚定职业道德意志

幼儿园教师职业道德意志是幼儿园教师在从事幼儿教育教学活动遇到困难时所表现出来的自觉解决问题的态度、勇敢向前的信心和坚持不懈的精神。在工作中，幼儿园教师应具备克服困难的勇气、战胜诱惑的能力、超越自我的精神状态。总之，幼儿园教师应该善于反思和剖析自己，敢于对不良欲望和习惯说"不"，唯有不断战胜自己，才能到达新的境界。

4. 引导幼儿园教师养成良好职业道德习惯

良好职业道德习惯的养成不是一朝一夕的，是在反复不断的道德实践中慢慢形成的。幼儿园教师要对自己的职业道德行为进行反思、认识、再反思、再认识，一次次的实践，促使幼儿园教师不断提高职业道德认识，丰富职业道德情感，坚定职业道德意志，最终养成良好的职业道德习惯。

（三）加强幼儿园教师职业道德建设的价值

我们常说教师要"立德树人"，立德是条件，树人是目的。幼儿园教师面对的都是学龄前的幼儿，承担着让每个孩子健康快乐成长的重任，加强幼儿园教师职业道德建设的意义不言而喻。

1. 利于教师的专业化

幼儿园教师作为专业的教学人员，其成长是一个不断成熟和提高的过程。过程是有限的，但发展是无限的。加强幼儿园教师的职业道德建设有利于教师专业水平的发展和提高。尤其在教师个人反思上，通过不断的自我反思，时刻修正自身的言行，实现自我专业发展的目标。

2. 利于教育教学工作的顺利开展

幼儿园教师日常的大部分时间都在进行教育教学工作，提高幼儿园教师职业道德建设水平必然会对教育教学工作产生积极的影响，使得教学工作更加有效。幼儿园教师职业道德水平的提高，有助于教师对于课程的全方位认识，不再拘泥于过去刻板的教学方式，而是可以多角度地对课程加以利用和开发，从而使幼儿在课程中感受更多快乐的氛围，让幼儿在愉悦的气氛中有所收获，大大体现幼儿的主体性。

3. 利于克服职业倦怠

国外研究表明，助人行业的从业者最易产生职业倦怠。幼儿教育作为典型的助人行业，自然容易产生职业倦怠现象。工作日复一日，年复一年，没有了初入职场的新鲜和兴奋，工作只靠惯性维持，这种现象已愈趋普遍。幼儿园教师若要走出职业倦怠，就需要通过加强幼儿园教师职业道德建设来提高其职业道德水平。首先，不能失去初入幼儿园时的那颗赤子之心，这是克服职业倦怠的根本。其次，努力培养和形成自己在幼儿教育中的专长。无论是在教育教学方面、艺术方面或是教学研究方面，一旦形成属于自己的专长，在工作中便无人可以替代，职业自豪感油然而生，再枯燥的工作也成了乐趣，幼儿教育工作便有了内在的驱动力。再次，善于创造性地完成幼儿教育工作。不要把幼儿教育工作当作一成不变的事情，要善于多听、多看、多想，多角度深层次地看待幼儿教育工作的方方面面，创造性地分析研究问题，并把它们融入日常的工作中，努力更新方法和内容。最后，学会排解和管理负面情绪。工作中建立良好的人际关系，多与健康向上的人在一起，学习他们乐观的心态和积极的处世态度。

4. 利于弘扬正能量

加强幼儿园教师职业道德建设有利于弘扬社会正能量。加强幼儿园教师职业道德建设，能够弘扬中华民族传统美德，使幼儿园教师内心时刻充满正能量，从根本上杜绝此类道德失范现象的发生。国家发展的百年大计是教育，经济发展离不开教育，科技发展离不开教育，教育是人才产生的必由之路。加强幼儿园教师职业道德建设意味着让社会的正能量一代代地传承下去。

（四）幼儿园教师职业道德建设的主体及其关系

幼儿园教师的职业道德建设受到与其相关的一定的社会关系的影响，决定着幼儿园教师职业道德的属性。正是由于不同的社会关系与利益关系，才凸显出了幼儿园教师职业道德建设的重要性，才形成基于现实社会需求的幼儿园教师职业道德精神和基本规范。幼儿教育是社会存在的一部分，幼儿园教师作为社会成员的一部分，是为了满足幼儿教育需要而形成的特殊职业。因此，幼儿园教师职业道德建设中包含多种复杂的主体关系，有着相对应的现实契合。

1. 幼儿园教师职业道德建设的主体

幼儿园教师职业道德建设涉及主体，第一，幼儿园教师，幼儿园教师是幼儿园职业道德建设的主要参与者，也是职业道德建设的目标对象。幼儿园教师职业道德水平直接关系到幼儿园的稳定和谐，关系到儿童的健康成长以及家长对学前教育的态度。幼儿园教师在职业道德发展中所表现出的主动性，也决定着幼儿园职业道德建设的成效。第二，幼儿园的同事，幼儿园的同事包括其他幼儿园教师、工作人员，也包括具有一定决策权的幼儿园的管理者。在幼儿园教师职业道德建设的过程中，同事是直接参与者，和谐的同事关系与合作关系对幼儿园教师职业道德建设具有积极的促进作用。第三，家长相较于小学与中学而言，幼儿园的儿童不具有良好的判断和生活自理能力，因此幼儿园的家长往往对孩子脱离家庭环境后的处境非常忧虑，并在潜意识中对幼儿园教师职业道德建设予以了很高的期许，家长对幼儿园职业道德建设的要求，是幼儿园长期开展职业道德建设的推动剂，家长关于幼儿园教师职业道德建设的意见和建议对幼儿园调整教师职业道德建设的方案是一种重要的参考依据。

2. 幼儿园教师职业道德建设中的主体关系

（1）幼儿园教师与幼儿的教育与被教育关系

幼儿园教师的职业源于社会对教育和托管幼儿的需要，从本质上而言，是人类社会发展的现实需要。幼儿园教师的主要工作是参与教育和保育幼儿，主要面对的目标是低龄的幼儿，这些幼儿缺少自我保护能力和判断能力，生活自理能力较弱，这意味着幼儿园教师与普通教师工作存在本质上的区别，幼儿园教师工作更加繁杂，在工作性质上体现为生活性与教育性的结合。对于学前教育而言，要想提升学前教育的质量，使学前教育真正发挥出智力启蒙、爱的传播、护育结合的功能，就必须要从职业道德层面建立起幼儿园教师与幼儿之间基于道德精神的和谐教育与被教育的关系。

（2）幼儿园教师与同事的团结协作关系

除幼儿以外，幼儿园教师的职业道德关系中另一主要的人群是同事，包括幼儿教育单位的其他幼儿园教师及其他工作人员、负责人等，只有在大家周密的配合与团结协作之下，才能保证幼儿教育的有序进行，才能使幼儿得到安全的保护和精心的照料。但幼儿教育并不能单一依靠某一位幼儿园教师进行，而是需要多位教师组成一个和谐的团队，各自分工、有序安排，才能高效地完成幼儿教育的各项任务。因此，与同事之间的理解、配合和互助是幼儿园教师职业道德建设的一部分，也是幼儿园教师职业道德建设中要处理的重要关系之一。

（3）幼儿园教师与幼儿家长配合互助关系

幼儿家长是幼儿的监护人和主要照顾者，在将幼儿送离家庭到幼儿园学习的过程中，家长对幼儿园、幼儿园教师给予了充分的信任。幼儿园教师不仅要对幼儿负责，也要对家长负责，不辜负家长对幼儿园、对幼儿园教师的信任。学前教育并不仅仅是幼儿园教师单独完成的，而是一个多层次、多渠道、多样化、多主体的复杂教育过程。幼儿园教师职业道德建设需重点协调好幼儿园教师与幼儿家长之间的关系，引导幼儿园教师从职业道德出发，秉持对幼儿成长负责的心态，加强与家长之间的沟通与合作，争取家长对幼儿园教师工作的积极配合。

（4）幼儿园教师与自身的关系

近几年，幼儿园教师这一群体日益受到关注，很多教师出现了职业倦怠及道德失范的行为，在很大程度上凸显出了幼儿园教师与自我内在关系的失衡。

在实践中，主体的行为是否正确、是否合适、是否可以再次实施，取决于自身的道德素养和道德规矩，在实施某一行为时，从自身的正确动机出发，幼儿园教师的职业道德法则、规矩只有在幼儿园教师自觉遵守、自觉履行的情况下，才能使职业道德真正成为幼儿园教师的立业之本。只有如此，在幼儿园教师教育和照顾幼儿的具体工作中，才能感受到道德的力量和精神自由的快乐。

（五）幼儿园教师职业道德建设的特点

1. 幼儿园教师职业道德建设趋于底线要求

近几年，我国幼儿园教师队伍中出现了一些问题，虽然只是个例，但还是能看出我国对幼儿园教师职业道德的要求大多是基本道德，是理所当然应该做到的，而对于这些基本的道德，仍然有些反面例子。另外一些人认为，对教师的职业道德不能抱有太多超乎一个正常人的道德要求，因为教师也是普通的人，所以基于以上两个方面，很多人认为教师的职业道德应该平民化，而不是把教师始终放在职业道德模范的地位上。在我国对幼儿园教师职业道德的要求中，如《专业标准》中对幼儿的行为与态度中要求幼儿园教师将幼儿的生命安全放在首位提出，也充分体现了幼儿园教师对幼儿的行为与态度中，最基本的安全是其保障，是幼儿园教师首要满足的。

2. 幼儿园教师职业道德建设存在局限性

传统的师德培训方式多半是以讲授为主，忽视了幼儿园教师本身的身心特点和接受方式。培训内容上多以理论内容为主，枯燥且缺乏趣味性和具体可操作性，忽视了幼儿园教师本身的工作特点。培训成果上，缺乏有效的评估检查体系，培训结果不受重视，得不到检测，常常是培训完就不了了之。

3. 幼儿园教师职业道德建设的低效性

职业道德建设主要包括理论层面和实践层面，理论层面上，通常采用的方式是以讲授理论知识为主。实践层面上，主要是对其职业行为用文字的形式进行规范。幼儿园教师只有充分理解理论知识并在实践层面对其加以运用，才能真正反映幼儿园教师的职业道德建设的成效。对于理论知识的理解，比较枯燥，在实践操作中，因为目前没有相应的职业道德考核与评判标准，所以也是往往流于形式。在幼儿园教师的职业道德建设中出现了操作性不强及成效不大的现状。

（六）国外幼儿园教师职业道德建设的实践

1. 美国

美国关于幼儿园教师职业道德的建设更侧重于对幼儿园教师的全面考察，将其视为公民教育的重要组成部分，在幼儿园教师进入学校开始实习时，便将职业道德教育融入系统教育中，形成长期化、浸润性的教育模式。美国在考察和监督幼儿园教师职业道德发展的过程中，形成比较完善的制度规定，教育与制度约束的结合是开展幼儿园教师职业道德建设的有效方式。从美国关于幼儿教育、幼儿园教师培训及职业道德建设的相关经验来看，加强幼儿园教师职业道德建设涉及五个方面内容。第一，建立完备的学前教育从业人员教育培养体系，实现学校、独立培养机构、监督部门及幼儿园的通力合作。形成紧密的幼儿园教师职业道德建设网络。第二，重视幼儿教育从业人员的资格审查，对从业人员提出更高的专业知识与能力要求。提高幼儿园教师的准入门槛，强化专业知识与能力教育。第三，提高幼儿示范学校教育的质量，建立幼儿园教师职业道德的核心课程体系与专业化、标准化的主题课程。不断加强幼儿园教师的职业行动能力。第四，建立幼儿园教师的专业承诺制度，全面了解幼儿园教师的职业道德表现，建立常态化的监督机制，对幼儿园教师的日常教育和保育及能力提高等方面予以跟踪调查，把握幼儿园教师的专业承诺兑现程度。第五，从美国的幼儿园教师职业道德培养来看，幼儿园教师的职业能力对其是否拥有良好的职业道德具有直接关系。

2. 日本

日本在幼儿园教育及幼儿园教师管理方面的成功经验具有代表性，从日本的幼儿园教师职业道德建设的经验来看，有几方面重要的启示。第一，重视幼儿园管理的法制建设。日本在幼儿园教师管理方面有着健全的法制体系，对幼儿园教师的职业道德以法制的形式进行了规定。这在一定程度上对幼儿园教师的职业行为进行了必要的约束。第二，重视提高幼儿园教师的福利待遇，为幼儿园教师的职业道德发展提供坚实的保障。相较于我国而言，日本的幼儿园教师的薪金待遇要更高，相关福利较多，这是保证幼儿园教师能够坚守职业道德的重要条件。第三，对幼儿园教师的选拔要更加严格，考试制度需进一步创新。要在源头上为学前教育的人才输入把好关；同时，要对幼儿园教师的职业许可资格进行定期考察，要求幼儿园教师要不断通过考试以延续职业资格，保证幼儿园教师的职业道德不断发展、专业知识体系得到更新，增强幼儿园教师的职业紧迫意识。

3. 韩国

韩国十分重视学前教育，并在幼儿园教师职业道德建设方面汲取了日本等发达国家经验，形成比较完善的幼儿园教师职业道德建设体系。

针对幼儿园管理问题，韩国教育部多措并举，提出了一系列提升幼儿园教师职业道德的方案。通过幼儿机构进账审计的方式，重点整顿幼儿园的经济问题，对幼儿园的职业道德建设进行监督和指导，明确政府、幼儿园及幼儿园教师自身的责任，以鞭策幼儿园教师职业道德的建设与发展。韩国教育部将幼儿园在职业道德建设方面的监督成果进行信息公示，并形成多部门的联合协调和监督机制，从而更好地回应多数家长的需求，更好地对幼儿进行全方位的教育，并在一定程度上基于明确的责任，调动政府、幼儿园及监管部门的多元力量，促进幼儿园教师职业道德的发展。

（七）我国幼儿园教师职业道德建设的路径与对策

1. 政府教育部门应强化管理与制度建设

社会制度和政策的支持是幼儿园教师职业道德建设强有力的保障，唯有进一步强化相关制度建设、完善有关法律法规，才能保证幼儿园教师职业道德建设的公平公正，取得良好的预期效果。

2. 社会应给予学前教育充分的重视与支持

如今，由于各种虐童事件的发生，社会各界对幼儿园教师的关注度较高，但往往集中于幼儿园教师的负面新闻，部分媒体捏造、嫁接和虚构许多破坏幼儿园教师形象的虚假新闻，引起社会各界对幼儿园教师的不信任。部分媒体忽视了积极向上的新闻案例对社会风气的影响力，类似于各地对优秀教师、最美教师的评比，其宣传力度不够。甚至部分民众会认为幼儿园教师遵循职业道德，拥有高尚的师德是一件必然的事情，无须加以报道和宣传。长此以往，幼儿园教师群体提升个人的职业道德素养的积极性必然会受到打击。

因此，社会各界在关注幼儿园教师负面新闻的同时，也应积极关注幼儿教师职业本身的辛苦与付出，传播正能量，积极激发幼儿教师的职业使命感与认同感，进而促使其以更高的要求规范自身行为，不断提高自身的职业道德水平。

3. 幼儿园应进一步健全用人制度

虐童事件的频发，一方面与部分幼儿园教师道德失范有关，另一方面也与幼儿园在用人方面不严谨有关。幼儿园方面应建立健全的用人制度，在招聘幼儿园教师时，不能仅将学历和能力作为衡量一名幼儿园教师是否合格的标准，更要重视幼儿园教师的师德品行。幼儿园教师是一份充满爱的职业，一名幼儿园教师的德行和人文素养则是更为重要的，因此幼儿园应从多方面考查和考核幼儿园教师，关注幼儿园教师内在的职业道德素养。

4. 幼儿园教师应全面提升自身职业道德素养

对幼儿园教师而言，职业道德素养不能自然而然地"被动获得"，而是需要教师通过各种途径与方式"主动修炼"。师德修养涉及教师保教工作的方方面面，幼儿园教师既要深刻认识身上肩负的责任，要耐心、细致、尊重和理解幼儿，又要做到为人师表、以身作则，以高尚的师德感染幼儿。特别是新时代的背景下，幼儿园教师更应该加强自身的职业道德建设，严于律己，自觉履行教师的权利与义务，养成良好的道德习惯，始终秉持"师德为先"的原则。

（1）提高对职业道德的认识

作为一名幼儿园教师，应时刻按照幼儿园教师职业道德规范的要求来严格要求自己。然而现实中，有些幼儿园教师想获得舆论的关注而利用幼儿的隐私或某些行为换取热度，有些幼儿园教师只顾自己享乐而利用"特殊"手段让幼儿听话……凡此种种，追溯其源头都是因为园幼儿教师没有真正培养职业道德，没有严格按照职业道德规范严格要求自己，继而随波逐流，试图"钻"法律的"空子"，做出道德失范行为。幼儿教师是人类文明的工程师，是幼儿成长路上最重要的启蒙者，是幼儿学习和模仿的榜样，幼儿园教师应深刻认识到自己职业的重要性和独特性，按照职业道德规范来要求自己，不断完善自我，时刻铭记自己的职业使命。

幼儿园教师一定要坚持正确的政治方向，践行社会主义核心价值体系，遵守宪法和有关法律。广泛学习丰富的理论知识、了解优秀教师事迹，使抽象的师德规范条文变得具体、形象，富有可操作性；同时，在幼儿园日常保教工作中反思、实践，不断加深自身对师德的认识。

（2）强化从事幼儿教育事业的情感

一方面，幼儿园教师应当热爱学前事业，始终牢记自己的神圣职责，把自身成长、个人进步同社会主义事业和祖国的繁荣富强紧密联系在一起。幼儿园教师首先要熟读相关法律法规，严格依法执教，履行幼儿园教师职业道德规范；其次要通过日常保教实践，不断反思自己的教育理念和行为，以《专业标准》为依据不断明晰自己的职业理想，努力实现自我价值。

另一方面，教师应该关爱幼儿，尊重幼儿人格，认识幼儿阶段的特性与价值，理解幼儿的认知特点、学习方式等，把教育融于幼儿的生活和游戏中，创设适宜的教育环境，关爱每一个幼儿并促进其富有个性地发展；同时，幼儿园教师在保教工作中要对幼儿给予关心和帮助，经常采取引导、激励的方式让幼儿主动呈现出教师所期待的积极行为。

（3）坚持培育自身人文素养

幼儿园教师要认识到"为人师表、教书育人"不是一句口号，而是需要在日常保教工作中随时遵循并体现出来的一种极其重要的专业素养。

幼儿园教师作为"传道"者，除教书育人外，对于自身的文化素养也要持续不断地学习进取。一方面，坚持培育自身人文知识素养。在日常生活中，利用工作之余，选取人文领域方面的书籍、幻灯片、纪录片等进行阅读和观看，丰富自己的人文知识、拓展自己的人文知识领域，不断提升自己的职业道德水平。在阅读和观看之后，幼儿园教师更应跳出书本或纪录片本身，将所学、所看转换成自己的内在文化储备，结合自身的实践经验反复思考、反复感受，将外在的知识经验转换为内在的人文精神，将所领略的人文精神转化成自身的职业道德。另一方面，不断学习先进的幼儿保育专业知识，与时俱进，用自身的良好素养去感染幼儿，将现代化的教学技术和方法真正运用到教学当中。

（4）学会自我解压，调适自身情绪

每一个行业都很辛苦，幼儿园教育工作也是如此。在实际工作中，幼儿园教师需要处理的事情琐碎、繁杂，而且服务的对象是一群心智不成熟、理解能力较差的幼儿，教师需要承受很大的压力。为了避免出现职业倦怠，教师应当学会自我解压。只有合理调整心态，不断提升自己的适应能力，才能有效抗压，在工作中始终保持热情、活力。首先，教师要学会倾诉。幼儿园教师在工作中面对的事情繁杂、琐碎，每天都会遇到一些不开心的事情，如一遍又一遍地教某个幼儿某一项生活技能，幼儿始终不能掌握；再如幼儿在幼儿园不小心磕着、碰着，教师却遭受家长一顿责骂。每一件事若是单独去看，只是一件很小的事情，但是这些小事若是积累起来，很容易压垮一个人。所以，教师要学会及时倾诉，或是写日记发泄，或是找朋友、家人倾诉，还可以通过心理咨询的方式去解决，通过自我解压、疏导，时刻保持良好的教学状态。

幼儿园教师的师德养成是一个长期的过程，需要不断学习、认识、实践和体验，将对幼儿园教师职业道德内容和意义的认识逐步内化为教师道德习惯和行为习惯。幼儿园管理者还可以通过开展多种形式的师德教育，加大对师德典型的宣传力度，采取结对帮扶、完善师德考评制度等举措，加强对幼儿园教师师德的引导，帮助他们形成良好的品质，真正做到"学为人师、行为示范"。

第二节 幼儿园教师的专业知识

幼儿园教师的专业知识是其教育工作的知识技能性的保障。由于幼儿园教师职业的特殊性，要求幼儿园教师不仅要在"教"的方面深入钻研，还需在"育"的方面下功夫，切实了解幼儿保育方面的知识，从而更好地培育幼儿，帮助其全面成长。

一、幼儿园教师的专业知识范畴

幼儿园教师的专业知识主要包括幼儿发展知识、幼儿保育和教育知识及通识性知识。

（一）幼儿发展知识

1. 具体分析

幼儿发展知识是教师专业知识的核心。幼儿的身体和心理发展随着年龄的增长而日臻成熟，有一定的规律可循，但每名幼儿由于生物因素和环境条件及其经历的不同，心理和行为发展又存在着个体差异。虽然幼儿园教师经过专业学习对幼儿发展的一般规律有一定的了解和认识，但不得不看到，当前我国幼儿教师的整体发展水平有限，与理想水平仍有差距，教师所具有的幼儿发展知识存在不足，尚不能与当前的社会需求匹配。

以"二孩"家庭为例，影响幼儿个体发展的家庭因素因同胞关系变得更为复杂，在这一关系下，不同家庭中的大孩和二孩间的差异可能愈发明显。一方面，对大孩来说，随着新家庭成员的增加，他们将面临家庭核心地位的改变、家庭内部资源分配变化等一系列问题。在这种情况下，他们很难调适自身的心理和行为，从而产生敏感多疑、焦虑不安的情绪问题和行为异常等社会交往问题。另一方面，对二孩来说，他们一出生就拥有伴随他们一生的同胞关系。在这种关系之下，他们的情绪、行为的发展变化也会受到影响，更具独特性和复杂性。因此，幼儿园教师需要补充和完善幼儿发展知识，了解大孩和二孩的身心发展特点、规律及对同胞的适应情况，及时发现他们的心理和行为问题产生的原因并对症下药，促进其健康发展。

2. 标准要求

《专业标准》从五个方面对幼儿园教师提出了基本要求。

（1）了解关于幼儿生存、发展和保护的有关法律法规及政策规定

掌握幼儿发展知识的教师应通过学习了解学前教育法律法规、政策和规定的主要内容和精神，了解幼儿生存、发展及保护幼儿权益和权利的具体内容、有效途径。在把握幼儿年龄特点、学习规律，科学实施教育的基础上，理解并运用与幼儿生存发展权利有关的法律法规、政策、规章，并将保护幼儿的生存、发展等基本权利视为自己的责任和义务。

（2）掌握不同年龄幼儿身心发展特点、规律和促进幼儿全面发展的策略与方法。

幼儿身心发展特点和规律方面的知识，包括幼儿生理发展特点和规律（身体动作发展、神经系统发展），幼儿心理发展特点和规律（情绪、思维、个性等）。幼儿身心发展特点、规律及促进幼儿全面发展的策略与方法均蕴藏于陶行知、陈鹤琴、皮亚杰（Piaget）、维果茨基（Vygotsky）、埃里克森等中外教育家提出的心理学、教育学理论之中。

掌握幼儿发展知识的教师应掌握不同年龄段幼儿身心发展特点和规律，在实践中更好地把握保育教育工作的方向和原则，采用适宜的策略与方法对幼儿实施体、智、德、美诸方面全面发展的教育，有效地促进幼儿的学习与发展，促进其身心和谐发展。

（3）了解幼儿在发展水平、速度与优势领域等方面的个体差异，掌握对应的策略与方法

不同的幼儿会呈现出不同的特征，专业的幼儿教师应发现幼儿不同的特点，引导幼儿按科学的规律健康成长。掌握幼儿发展知识的教师应善于用积极的、发展的眼光看到幼儿的个体差异，面对幼儿不同的发展能力、水平和优势，采用不同的教育策略，因材施教、取长补短，帮助每一位幼儿实现富有个性的全面发展。

（4）了解幼儿发展中容易出现的问题与适宜的对策

掌握幼儿发展知识的教师能够细致地观察幼儿行为和语言，运用相关知识对幼儿的常见发展问题做出正确的判断，分辨哪些问题是可以通过家园合作的方式解决的，哪些问题需要向家长提出请求医生的诊断和治疗。

（5）了解有特殊需要幼儿的身心发展特点及教育策略与方法

掌握幼儿发展知识的教师应了解特殊需要幼儿、问题幼儿、超常幼儿的特征，了解早期测查和早期教育的方法，如此才能给特殊需要幼儿提供适宜的教育策略与方法，让特殊幼儿与普通幼儿一样享受教育的权利，拥有平等的受教育的机会。

（二）幼儿保育和教育知识

1. 具体分析

对幼儿园教师来说，掌握幼儿保育和教育知识是完成好工作的基础，也是重中之重。从总体来看，幼儿园的双重任务决定了教师工作的独特性：既要保育教育好幼儿，又要服务好家长。教师只有理解了这种独特性，树立双育服务的意识，掌握并遵循幼儿园教育的目标、要求和原则，根据幼儿的兴趣及年龄特点选择富有教育价值的内容，才能更好地支持和引导幼儿的学习。

当前，我国0—3岁婴幼儿的教养方式大多是以家庭养育为主，仍有不少家

庭有强烈的托育需求。目前，幼儿园教师在接受职前、入职和职后的教育中，对教师应具有的保教原则和方法进行了相对充分的学习，但对0~3婴幼儿保教和幼小衔接的有关知识和基本方法的了解仍有欠缺。尤其是在国家提出了加强对家庭婴幼儿照护的支持和指导，加大了对社区婴幼儿照护服务的支持力度，规范发展多种形式的婴幼儿照护服务机构等多种保障措施后，越来越多的家长倾向于将孩子送入早教机构。但早教机构与幼儿园的保教存在一定差异，此现状下，教师要了解3岁前的婴儿与3—6岁幼儿身心发展的共同特点和差异，充分了解保教内容，以帮助幼儿更好地适应幼儿园。

家长十分重视幼儿园教师保育教育的经验和能力，家长认为幼儿园教师更具有保育教育经验，幼儿园教师不仅能保障幼儿在园时的安全，还能教授幼儿基本的生活技能。为提高保教质量，让家长更加放心，幼儿园教师需要不断完善保教方法以更好地为幼儿和家长服务。教师在一日活动中需要掌握一些了解幼儿的基本方法，如观察记录、谈话法、作品分析法等，全面了解幼儿的情绪和行为的发展状况，并结合所学的幼儿发展相关知识，在厘清幼儿情绪和行为问题产生的原因后采用说理、榜样示范等方法对幼儿进行有针对性的教育和引导，帮助幼儿缓解消极情绪、改善幼儿的问题行为。

2. 标准要求

《专业标准》对幼儿园教师应掌握的保育和教育知识提出了五条基本要求。

（1）熟悉幼儿园教育的目标、任务、内容、要求和基本原则

只有熟悉幼儿园教育的目标、明确"为幼儿"和"为家长"服务的具体内容、遵守并践行幼儿园教育的要求和原则，才能成为一名专业的幼儿园教师。

（2）掌握幼儿园各领域教育的学科特点与基本知识

教师对学科特点和基本知识的掌握关乎教学活动的有效开展，只有充分掌握相关知识，才能不断提升自身的专业能力。专业的幼儿园教师只有掌握各领域教育的学科特点与基本知识，才能开展有效教学。

（3）掌握幼儿园环境创设、一日生活安排、游戏与教育活动、保育和班级管理的知识与方法

幼儿的学习是在日常生活和游戏中，通过与环境、同伴相互作用进行的，为此幼儿园环境创设、一日生活安排、游戏与教育活动、保育和班级管理的知识与方法是幼儿园教师必须掌握的。专业的幼儿园教师只有掌握环境创设的知识与方法，才能帮助幼儿主动参与、积极学。

（4）熟知幼儿园的安全应急预案，掌握意外事故和危险情况下幼儿安全防

护与救助的基本方法

在幼儿园工作中，教师要把幼儿的安全放在首位，因此掌握安全防护相关知识与救助的基本方法对幼儿园工作具有重要意义。

在幼儿园遇到危险时，教师的安全防护能力和救治知识的掌握程度，将直接关系幼儿的生命健康。掌握幼儿保育和教育知识的幼儿园教师应熟知基本的卫生保健和疾病预防等知识，指导并和保育人员共同做好幼儿保育工作，关心与照顾、呵护与培养幼儿，成为幼儿生命安全的守护者。

（5）掌握观察、谈话、记录等了解幼儿的基本方法和教育心理学的基本原理和方法

工欲善其事，必先利其器，教师想要更好地了解幼儿的发展情况和需要，就必须通过各种能够接近幼儿的方法去观察他们，倾听他们的话语，了解他们的想法。专业的幼儿园教师应该掌握观察和分析的基本方法，为支持幼儿的更好发展奠定基础。

掌握幼儿保育和教育知识的幼儿园教师要熟练运用观察、谈话、记录等了解幼儿的基本方法，更加客观、深入、全面地了解幼儿发展的情况，评价幼儿的发展状态，探明幼儿的最近发展区，理解幼儿的需要，做到对幼儿的因材施教，同时与家长进行有效沟通，对自己的教学方法和行为及时进行调整。

（6）了解0—3岁婴幼儿保教和幼小衔接的有关知识与基本方法

幼儿的学习与发展是一个连续的过程，幼儿的教育也应该具有连续性。专业的幼儿园教师需要为幼儿的成长提供必要的条件，了解0—3岁幼儿保教和幼小衔接有关知识能够帮助教师在教学过程中避免"揠苗助长"。

（三）通识性知识

1. 具体分析

目前，相较于幼儿发展知识和保育教育知识，幼儿园教师所具有的通识性知识最为薄弱，是专业知识中的短板。首先，幼儿园教师的教育对象为3~6岁的幼儿，此年龄阶段的幼儿好奇心和求知欲十分旺盛，随着科技和网络的发展，幼儿的学习渠道更加多元化，提出的问题对于教师而言也更具挑战性和丰富性。因此，为给幼儿传递更为准确的知识，需要幼儿教师不断丰富其自身的通识性知识。其次，幼儿园教育的教育内容具有全面性和启蒙性，与中小学分科教学不同，幼儿园整合性的教育需要幼儿园教师广泛学习各个领域的通识性知识并形成独到的理解和感悟，从而应用到幼儿的保育教育活动之中。最后，相较其他学段的教师，

我国幼儿园教师的文化素质普遍偏低。因此，幼儿园教师需要提升自身的文化素养、扩大视野，进而形成整合日常教育活动中不同领域知识的能力，促进幼儿的发展。

2. 标准要求

《专业标准》从自然科学和人文社会科学、中国教育基本情况、艺术欣赏与表现、现代信息技术等方面对幼儿园教师提出了基本要求。

（1）具有一定的自然科学和人文社会科学知识

掌握通识性知识的幼儿园教师必须了解一定的自然科学知识，形成科学精神，努力发现、理解保育教育工作中的问题，指导幼儿探究活动的方向，帮助幼儿感受大自然和科学的奇妙，体验发现的快乐，教师还必须了解一定的人文科学知识，提高自身的文化修养，树立正确的人生价值取向与理想追求，深化和理解幼儿教育的内容，开发幼儿教育的课程资源，进行富有成效的教育教学。

（2）了解中国教育基本情况

中国教育基本情况包括中国教育的历史、我国现行的基本教育制度、我国现阶段的基本教育目的、近年来的教育改革，以及国家对于教育提出的相关政策等。专业的幼儿园教师应了解中国教育尤其是中国学前教育的发展历程，融合中西方的教育观念，形成适合中国本土社会、教育环境的学前教育理念。

掌握通识性知识的幼儿园教师应该因地制宜地做好适合本土幼儿的教育，保障适龄儿童接受基本的、有质量的学前教育，真正促进幼儿的健康成长，以及更好地实现自己的专业成长。

（3）具有相应的艺术欣赏与表现知识

艺术欣赏与表现知识是幼儿教师组织艺术教育活动必备的基本素养包括对绘画、音乐、舞蹈、文学、戏剧等艺术形式的欣赏、感受、认知和表现。专业的幼儿园教师应真正地把握和认识艺术欣赏与表现知识，才能有效满足幼儿教育内容的需求和幼儿身心发展特点的需求。

掌握通识性知识的幼儿园教师应该不断提升自身的审美情趣、精神境界、道德修养和创造力，理解幼儿教育内容的需求和幼儿身心发展特点，促进幼儿对艺术的感受、欣赏和表征能力的发展。

（4）具有一定的现代信息技术知识

专业的幼儿园教师应重视现代信息技术知识的学习，并将信息技术应用于教学实践。现代信息技术为教师提供了获得信息的手段，也成为教育工作的辅助工具。掌握通识性知识的幼儿园教师应从网络上获取更丰富的课程信息资源，开拓多媒体教学空间，编制教学软件，实现信息技术与教学实践的整合，引发幼儿的情感体验，激发幼儿参与学习的积极性、主动性。

二、幼儿园教师的专业知识提升路径

（一）整体知识提升策略

1. 坚持学习，积累实践经验

幼儿园教师的专业知识绝不是"突击"就能得来的，需要长期的坚持与积累，需要养成良好的学习习惯。幼儿园教师要时常读书，平时积累的知识越多，上课就越轻松。幼儿园教师要秉承持续发展的意识和能力，成为终身学习典范。

我们还需要实践来检验知识、巩固知识。许多幼教专家认为，一个幼儿园教师要成为一个发展型教师或更优秀的专家型、成熟型教师，就必须要重视实践经验在丰富幼儿园教师专业知识体系、促进幼儿园教师专业发展的特殊作用与重大意义，也就是要树立"实践科学"的观念。教师许多知识的掌握，都是来源于实践。许多幼儿园教师虽然看过很多理论方面书籍，但很难在心里"留下痕迹"，直到在教学中发现问题后，印象才深刻，这就是实践的魅力。积累实践经验也是丰富教师自身专业知识体系的一个"重头戏"。

2. 群策群力，注重沟通交流

在这个知识飞速发展的时代，一个人的知识是远远不够的。知识的"雪球效应"表明，知识在应用的过程中不会丢失或者磨损，与此相反，知识只有在相互交流时才能得以发展，从而实现知识的增值。教师之间只有构建起学习共同体，进行交流、沟通和科学研讨，在合作过程中互相学习、互相启发，才能群策群力，集大家之智慧，使个人知识体系这个"雪球"越滚越大，越滚越漂亮。信息技术也在沟通交流中起着举足轻重的作用，是教师与学生、教师、专家学者之间进行知识分享的有效途径。

3. 融会贯通，学会查漏补缺

幼儿发展知识、幼儿保育与教育知识和通识性知识之间要融会贯通。通识性知识不仅是要求教师掌握多少社科、艺术、信息技术知识，掌握到什么程度，而是在通识性知识的学习中去锻炼出一个勤于思考的大脑，使幼儿发展知识、幼儿保育与教育知识和通识性知识能在教师头脑中融会贯通；同时，不同学科、不同领域的知识互相融通，形成教师宏大的问题视角，用跨学科、跨领域的观点去分析、思考在教育活动过程中出现的各种问题，从而更好地解决问题。

不同发展阶段的教师在自身知识结构方面都有自己的优势和不足,新手型教师因为从事幼儿教育在3年以下,他们的通识性知识很丰富,但缺乏实践知识;成熟型教师各类知识基本够用,各类知识都需要积累;专家型教师因为教龄在10年以上,所以积累了大量的实践经验,实践知识很丰富,但通识性知识和普通文化知识已经老化,需要及时补充。所以,每个幼儿园教师都应对自己的专业知识体系有所了解,可以尝试勾勒出自身的专业知识体系图表,这样,既了解自身已有的专业知识,又看到自身所匮乏的知识,查漏补缺,更有针对性地补充所缺乏的专业知识,丰富自身的专业知识体系。

总之,这几个层次知识结构和内容的完整性、系统性、科学性是决定优秀教师能否成为专家型、研究型教师的关键。幼儿园教师必须从实际出发,沿着前人成功的路径,去认真、系统、完整、科学地读书学习,开阔视野,丰富涵养,综合提高。要深入细致地研读原著文本,弄清各学科之间的内在联系和原理,原汁原味地理解和掌握其内容和观点,努力结合自己个性化的教育教学实践,在深刻反思、深入领会的基础上,进而将普遍的教育教学管理原理内化为自己的知识体系和认知体系。还要查漏补缺,勾画出自身知识结构地图,使优势与缺陷一目了然,更有针对性地去补充。幼儿园教师专业知识体系的构建与完善是每一个幼儿园教师的愿景,是教师不懈追求的自我实现的过程,它需要每一个个体终身努力,它是一个漫长的实现过程,在这种共同追求与逐步实现的过程中,自身知识体系的建构也将持续完善与充实。

(二)具体知识提升策略

1. 幼儿发展知识提升策略

专业的幼儿园教师可以从以下几个方面提升对幼儿发展知识的认知程度。

(1)了解关于幼儿生存、发展和保护的法律法规及政策规定

幼儿园教师应了解相关的法律法规和政策规定,在思想上引起高度的重视,规范自身的教育教学行为。

(2)掌握幼儿身心发展的一般规律

幼儿园教师可以通过阅读《儿童发展心理学》《卫生学》等书籍,了解幼儿生理和心理发展的一般规律,掌握促进幼儿全面发展的策略与方法;同时,在实践过程中坚持理论联系实际,遵循儿童发展的规律,尊重儿童的年龄特点,在适宜的阶段做适宜的事情,不断改进教育教学实践工作。

（3）了解应对幼儿个体差异的策略与方法

幼儿园教师要了解应对幼儿个体差异的策略和方法，包括幼儿发展水平、速度与优势领域等方面的差异。可以运用观察法分析幼儿语言、行为、表征中隐含的意义，在了解每一位幼儿的发展水平和认知特点后因材施教；运用奖励机制、接纳差异、以大带小等方法应对幼儿的个体差异，使每一位幼儿都能沿着自己独特的发展轨迹健康成长。

（4）了解幼儿发展中的常见问题与对策

幼儿园教师除要了解幼儿期常见疾病、发展障碍的基本知识和应对方法外，还要了解幼儿心理健康教育的基本知识，借用"图示""公约"等多种形式，以及运用"讨论""榜样示范""游戏介入"等多种方法，处理常见的"撒谎""攻击他人""挑食"等行为问题。

（5）了解特殊需要幼儿的教育策略与方法

随着学前教育的发展，人们越来越重视特殊幼儿的早期干预和教育工作实践，针对特殊幼儿的早期干预和教育对改变其现状有着重要的意义。因此，幼儿园教师可以通过特殊教育理论书籍的阅读、参加特殊教育讲座、融合教育专任教师培训等了解特殊需要幼儿的教育策略与方法，如面对生理障碍幼儿所采用的生活保健法、行为塑造法、游戏训练法、治疗法、感觉统合训练等；面对智障幼儿创造特殊的教育教学方法等，让特殊儿童和普通儿童一样健康成长。

教师还可以通过阅读各类关于幼儿发展的书籍，如《以游戏为中心的幼儿园课程》《有准备的教师——为幼儿学习选择最佳策略》等，储备幼儿发展知识；在实践中反思，加强自己对幼儿发展知识的理解；加强与同伴的交流与合作，开展团队学习，共同提高对幼儿的正确认识、对幼儿身心发展规律的理解，进而更好地促进幼儿的全面和谐发展。幼儿园可以通过创建"融合教育实验学校"、邀请特殊儿童教育方面的专家来园举办讲座、与教育康复中心开展联合教研等方式，帮助教师不断深入了解特殊儿童的表现、教育方法及策略，帮助幼儿园教师学会接受幼儿的不同。当然，还要与《专业标准》中"专业理念与师德""专业能力"联系起来，更有效地运用幼儿发展知识促进幼儿的发展。

2. 幼儿保育和教育知识提升策略

（1）熟知关于幼儿园教育的理论知识

幼儿园教师应熟知《幼儿园工作规程》《幼儿园教育指导纲要（试行）》（以下简称《纲要》）、《3—6岁儿童学习与发展指南》（以下简称《指南》）、《专业标准》等相关理论知识，正确把握幼儿教育的目标、任务、内容、要求，基本原则及其内涵，并在实践中进行内化。

（2）掌握各领域的学科特点和基本知识

幼儿园教师要掌握幼儿各领域的学习特点和发展规律知识，各领域教学方法和组织策略知识，并在教育实践中灵活地加以运用，例如，幼儿粗大动作、精细发展的途径和方法，幼儿动手操作、主动探究、联系生活的组织策略等基本知识。

（3）掌握环境创设、一日生活安排、游戏与教育活动、保育和班级管理的知识与方法

幼儿教师要通过理论的学习、实践经验的总结等途径掌握环境创设、一日生活安排、游戏与教育活动、保育和班级管理的知识与方法，还可以通过外出参观培训，通过向名园、幼教研究前沿区域学习等途径，不断更新环境创设、一日生活安排、游戏与教育活动、保育和班级管理的相关理论知识和方法，更新自己的教育观念。

（4）熟悉幼儿卫生保健和安全的相关知识

幼儿园教师要了解常见疾病、安全防护的基本知识和救治的基本方法，如幼儿意外伤害的处理方法、常见疾病等的处置方法，并能及时发现幼儿的症状及活动中的安全隐患，采取适当的措施应对突发情况。

（5）了解幼儿学习与发展的基本方法

幼儿园教师要不断学习幼儿发展心理学、学前教育学的相关理论知识，以此能更好地理解幼儿的行为，理解幼儿的学习与发展；会运用观察法、作品分析法、调查法等基本方法获得幼儿学习与发展的相关信息，分析解读幼儿并在实践中进行有针对性的支持与指导。

（6）具有幼儿园与其他阶段的教育衔接的知识

幼儿园教师要与社区、家庭、小学多交流、沟通，了解掌握婴幼儿保教和幼小衔接等方面的相关知识与基本方法，如幼儿入园应做哪些准备、怎样做能减少分离焦虑、幼小衔接教师应做好哪些准备等，帮助幼儿和家长更好地适应、衔接不同的教育阶段。

3. 通识性知识提升策略

（1）掌握一定的自然科学知识

幼儿园教师要学习和掌握一定的自然科学知识，阅读百科全书，了解生命科学、物质科学、地球与空间科学等方面的常识，了解现代科学的主要思想和观念，

了解基本的科学探索方式方法。这样才能在教学实践中支持和引导幼儿了解及掌握最基本的科学知识与方法,在科学探究的过程中发展幼儿探究能力和思考问题的能力。

（2）掌握一定的人文社会科学知识

幼儿园教师要学习和掌握一定的人文社会科学知识,如对历史学研究和核心概念的学习,支持幼儿学习记录、讨论发生在他们生活中的变化、体验他们亲历的"历史",从而引发幼儿"爱家乡、爱祖国"的真实情感。

（3）了解中国教育基本情况

幼儿园教师要了解中国教育的历史、近年来的教育改革、国家对学前教育的相关政策等中国教育基本情况,从而因地制宜地做好适合本园幼儿的教育,保障适龄儿童接受基本的、有质量的学前教育,真正促进幼儿的健康成长,也促进教师自身的专业发展。

（4）掌握相应的艺术欣赏与表现知识

幼儿园教师要学习和掌握音乐、舞蹈、美术、文学等方面的艺术欣赏与表现知识,提高自身的审美情趣和道德修养,理解幼儿的学习需求和身心发展特点,促进幼儿教育的顺利开展。

（5）掌握一定的现代信息技术知识

幼儿园教师要学习现代化的教学方法和教学手段等信息技术知识,熟练操作活动室里配置的多媒体教学设备,如投影仪、电子白板、教学一体机等;知道如何下载网络上的视频、图片、音频、网页或动画,并根据需要对网上下载的信息资源进行有效的加工、组织和运用。教师采用图片、音乐、视频等相关信息技术设计安排教学活动,更能引起幼儿的注意力,激发幼儿活动的兴趣,从而提高活动的效率。

幼儿园教师通识性知识的学习和掌握,还需要高校、幼儿园和教师多方的努力。培养幼儿教师的高校要对接幼儿园岗位需求增加通识性课程;幼儿园在招聘和录用新教师时应注重对通识性知识的考察,要创造条件开展通识性知识的园本研训活动;幼儿园教师在日常生活中也要不断提高自身的学习与反思能力,多读书、读好书,利用网络、电视、书籍等媒介丰富自己的通识性知识,拓展自己的知识背景。

第三节 幼儿园教师的专业能力

专业能力是指从事某种职业所特殊需要具备的知识、经验与技能。从事不同的行业需要不同的专业能力。《教师法》中明确规定,"教师是履行教育教学职责的专业人员"。

教师专业能力是指作为教师这一职业所具备的专业能力,"是指教师在教育教学活动中形成并表现出来的,直接影响教育教学活动的成效与质量,决定教育教学实施与完成的某些能力的综合",包括课堂教学能力、教学评价能力、教育科研能力、课程资源的开发与利用能力、学术交流能力及综合管理能力等。

幼儿园教师专业能力则有着更为特殊的规定与要求,幼儿园教师需要具备教师的基本素养,但是又区别于一般意义上教师的基本要求,主要区别在于幼儿园教师不仅要有保育幼儿的能力,而且还要具备能够教育幼儿的能力,最重要的是还要将这两种能力进行了综合运用。

一、幼儿园教师的专业能力范畴

(一)幼儿园教师的专业能力的整体分类

1. 从教学角度来看,所需要的能力

幼儿对事物的理解和感知与成年人的理解是有差别的。因此,从教学的角度来看,需要幼儿园教师从幼儿的观察能力、理解能力、认知能力三个维度进行教学工作。比如,在进行数学教学的过程当中,要有能力为幼儿创设和他们生活环境及成长环境相关的学习环境,能够初步对幼儿在数学方面的认知发展和数学特点的认知具有评估能力。对数学学科是如此,对语文、音乐、美术等其他学科也应当如此。幼儿园教师要充分考虑幼儿对新鲜事物的认知水平和思维模式,尊重幼儿的个性化发展,以启迪开发幼儿智慧为根本的教学目标,以这个目标作为教学的出发点来进行相关的教育教学活动。也就是说,从教育教学活动的角度而言,教师要具有换位思考的能力,能站在幼儿的角度进行教学工作。

2. 从教师职业素养角度来看,所需要的能力

从教师职业素养的角度来看,幼儿园教师应当具有保育能力、社会交往能力和语言表达能力。因为幼儿在幼儿园的学习生活是他们第一次脱离父母进行的集体生活,因此很容易在与其他幼儿相处的过程当中出现一些矛盾,从而出现个别幼儿被孤立、个别幼儿太自傲等不利于幼儿健康成长的不良现象。幼儿园教师要

具备相关的社交培养能力和语言表达培养能力。获得这些能力的前提是教师必须先具有相关的社交能力和语言表达能力。幼儿园教师应当充分地掌握相关学科的基础知识，对知识有深入的理解和认知，能够找到更好的切入点，对幼儿进行讲解和知识的传授。总而言之，从教师职业素养角度来看，需要幼儿园教师对他们的社会交往能力和语言表达能力进行培养和提升，同时也要对幼儿的知识水平和能力进行培养。

3.从教师专业发展角度来看，所需要的能力

从教师专业发展的角度来看，因为幼儿园教师面对的学生群体年龄相对较小，对社会的认知相对较少，具有较高的可开发性。因此，幼儿园教师应当具有唱、跳、弹、画等基本的教育技能，运用这些技能进行相关的教学活动，以启迪和开发幼儿的智力。另外，还需要幼儿园教师具有使用相关的教育软件及基本的电脑操作能力。在信息化时代里最大限度地整合互联网资源，将最优质的教育教学资源提供给学生，从而最大化地启迪幼儿对事物的认知和思考，这将对幼儿今后的学习生活产生巨大的影响。

（二）幼儿园教师专业能力的基本组成

按照《专业标准》中的规定，幼儿园教师专业能力主要由以下七方面组成：环境的创设与利用；一日生活的组织与保育；游戏活动的支持与引导；教育活动的计划与实施；激励与评价；沟通与合作；反思与发展。

1.环境的创设与利用

专业的幼儿园教师既要具备建立师幼间、幼儿间良好关系的能力，营造关爱、友善、温馨的班级氛围的能力，也要善于利用生活、自然等环境中的各类资源创设具有启发性和探究性的物质环境。对此，《专业标准》对幼儿园教师环境的创设与利用能力提出了四项基本要求。

（1）建立良好师幼关系，帮助幼儿建立良好的同伴关系，让幼儿感到温暖和愉悦。幼儿园教师应积极回应幼儿，让幼儿感受到被关注的喜悦；幼儿园教师还应创造条件，鼓励和引导幼儿之间多种形式的交往，让幼儿体验交往乐趣，形成良好的同伴关系。建立温馨、和谐且积极向上的师幼关系、幼幼关系是幼儿园教师不可忽视的专业能力。

（2）建立班级秩序与规则，营造良好的班级氛围，让幼儿感受到安全、舒适

营造有序、安全、舒适的班级氛围，能让幼儿较好地适应并投入幼儿园的集体生活，感受集体生活的温暖，产生班集体的归属感。为此，尊重幼儿身心发展

规律和学习特点，建立班级秩序与规则是幼儿园教师必须具备的能力。

（3）创设有助于促进幼儿成长、学习、游戏的教育环境

环境是幼儿园教育的重要组成部分，充分利用墙面、区域、走廊和户外等空间，创设满足幼儿成长、学习和游戏的教育环境，能推进幼儿园课程内容的拓展与延伸，促进幼儿经验、能力的提升和发展。

（4）合理利用资源，为幼儿提供和制作适合的玩教具和学习材料，引发和支持幼儿的主动活动

幼儿园教师应追随幼儿的兴趣，合理利用园内外的各种资源，把它们转化为丰富多样的学习材料提供给幼儿，激发幼儿运用多种感官进行探索，支持幼儿主动活动。

2. 一日生活的组织与保育

幼儿园一日生活的组织与保育是指幼儿园每日生活的安排及其时间分配，它指向幼儿，反映幼儿在园的生活状态。针对一日生活的组织和保育，《专业标准》从四个方面对幼儿园教师提出了具体要求。

（1）合理安排和组织一日生活的各个环节，将教育灵活地渗透到一日生活中

具有一日生活组织与保育能力的幼儿园教师能科学合理地安排一日生活，首先，建立灵活又稳定的作息时间，理解一日生活各个环节的教育价值，在一日生活中灵活地对幼儿进行教育；其次，注重活动之间的动静交替，各环节的转换有序，减少过渡环节和消极等待现象。

（2）科学照料幼儿日常生活，指导和协助保育员做好班级常规保育和卫生工作

幼儿园教师要围绕科学照料幼儿日常生活的目标，善于观察幼儿的日常生活表现，关注幼儿心理需要，建立科学合理的生活制度；同时，还能指导保育员运用教育学、卫生学知识，选择幼儿易接受的方式指导幼儿日常生活，并形成保教合力，共同促进幼儿的发展。

（3）充分利用各种教育契机，对幼儿进行随机教育

幼儿园教师要通过观察、分析和判断及时发现随机教育的机会，理解和尊重幼儿的个别差异，顺势而"教"，促进幼儿在原有水平基础上得到最大程度的发展。

（4）有效保护幼儿，及时处理幼儿的常见事故，危险情况优先救护幼儿

由于幼儿年龄较小，自我保护能力较弱，在一日生活中，幼儿园教师应有高度的安全意识，并能运用安全知识有效应对幼儿产生的安全问题。

3. 游戏活动的支持与引导

游戏是幼儿的基本活动，是幼儿的生活方式或存在方式。针对游戏活动的支持与引导，《专业标准》对幼儿园教师提出了四个方面的基本要求。

（1）提供符合幼儿兴趣需要、年龄特点和发展目标的游戏条件

具有支持和引导游戏能力的幼儿园教师会在了解幼儿兴趣需要、年龄特点、发展目标的基础上创设"有准备"的活动条件，还能针对不同幼儿的需求创设不同的游戏条件，组织开展有效的游戏，支持和引导幼儿游戏经验的发展。

（2）充分利用与合理设计游戏活动空间，提供丰富、适宜的游戏材料，支持、引发和促进幼儿的游戏

具有支持和引导游戏能力的幼儿园教师能通过合理利用与设计游戏空间，吸引幼儿积极主动地投入游戏空间之中。还要细心地观察幼儿，不断调整和丰富游戏材料，对幼儿进行有效的指导，促进幼儿与游戏环境积极地互动，支持幼儿游戏经验水平的发展。

（3）鼓励幼儿自主选择游戏内容、伙伴和材料，支持幼儿主动地、创造性地开展游戏，充分体验游戏的快乐和满足

具有支持和引导游戏能力的幼儿园教师能带着幼儿游戏主体性的意识，引导幼儿表达内心的意愿，支持幼儿主动、创造性地开展游戏，让幼儿充分体验游戏的快乐和满足。

（4）引导幼儿在游戏活动中获得身体、认知、语言和社会性等多方面的发展

游戏不仅仅是幼儿的消遣，还是他们主要的学习方式，幼儿园教师应该有目的、有计划地鼓励和引导幼儿在游戏中自主学习，获得多方面的发展。

4. 教育活动的计划与实施

幼儿园的教育活动，根据《纲要》的定义为：教师以多种形式有目的、有计划地引导幼儿生动、活泼、主动活动的教育过程。针对教育活动的计划与实施，《专业标准》对幼儿园教师提出了四项基本要求。

（1）制定阶段性的教育活动计划和具体活动方案

幼儿园的阶段性教育活动计划，是教师开展班级日常工作的依据和具体行动的规划，能有效促使教师将教育目标有目的、有计划地落实到幼儿身上，同时减少教师开展工作中的不确定性，找到一种方向感。

（2）在教育活动中观察幼儿，根据幼儿的表现和需要，调整活动，给予适宜的指导

在幼儿园教育活动的计划与实施中，教师需要在日复一日的幼儿园一日活

动中看到幼儿的学习情况，及时调整计划，给予幼儿空间、材料、策略等方面的支持。

（3）在教育活动的设计和实施中体现趣味性、综合性和生活化，灵活运用各种组织形式和适宜的教育方式

幼儿特有的学习方式决定了幼儿园的教育活动设计与实施需要多样化、灵活性，需要密切联系生活、综合多方面的学习，需要生动、活泼、有趣等。

（4）提供更多的操作探索、交流合作、表达表现的机会，支持和促进幼儿主动学习

具有教育活动的计划与实施能力的幼儿园教师能把更多的自主权还给幼儿，提供更多的操作探索、交流合作、表达表现的机会，使活动更能满足幼儿的兴趣和需要，支持和促进幼儿主动学习，促使幼儿在原有经验水平上获得提升。

5. 激励与评价

教师的激励与评价能力对于幼儿的积极主动学习和良好发展具有重要的意义。幼儿园教师要在教育实践中不断获得专业进步，应具有激励与评价的能力。对此，《专业标准》从激励与评价的基本方向、应该掌握和运用的基本方法、激励与评价的作用和目的三个方面对幼儿园教师提出了基本要求。

（1）关注幼儿日常表现，及时发现和赏识每个幼儿的点滴进步，注重激发和保护幼儿的积极性、自信心

站在幼儿的角度去关注幼儿，及时恰当的激励性评价在幼儿教育的过程中有着重要的作用，它既有助于加强幼儿园教师与幼儿的沟通，又能帮助幼儿建立起自信心。

（2）有效运用观察、谈话、家园联系、作品分析等多种方法，客观地、全面地了解和评价幼儿

幼儿的发展具有复杂性、多样性，客观地、全面地运用多种方法了解和评价幼儿，有助于幼儿园教师更清晰、更准确地分析幼儿的发展需要。

（3）有效运用评价结果，指导下一步教育活动的开展

评价最根本的目的是了解幼儿的发展状况和发展需要，改进教育教学方法，以便提供更加适宜的帮助和指导。

6. 沟通与合作

专业的幼儿园教师应具有多方面的沟通与合作能力，善于与幼儿、同事家长乃至与社区相关人员进行有效沟通与合作。对此，《专业标准》从以下五个方面对幼儿园教师提出了基本要求。

(1) 使用符合幼儿年龄特点的语言进行保教工作

具有沟通与合作能力的幼儿园教师在组织一日生活和开展保教工作的过程中，能够结合幼儿的年龄特点，运用简洁明确、生动有趣的语言；会结合幼儿的学习方式，使用游戏化、情境性的语言。

(2) 善于倾听，和蔼可亲，与幼儿进行有效沟通

幼儿园教师的倾听和对幼儿的态度非常重要。幼儿园教师应善于倾听和了解幼儿的想法和需要，依此来判断幼儿的情绪情感、经验水平和不同需求，在与幼儿沟通的过程中用温柔的语气、合适的话语对待幼儿，寻找与幼儿沟通交流的契合点。

(3) 与同事合作交流，分享经验和资源，共同发展

每一位专业的幼儿园教师都应善于及时和定期地与同年龄班，尤其是本班教师进行沟通交流，共同分析和判断幼儿的特点、需求，共同协商编制适宜的教育计划和方案。

(4) 与家长进行有效沟通合作，共同促进幼儿发展

家长工作是幼儿园教育工作的重要组成部分，幼儿园家长工作的基本要素是与家长沟通。通过有效的沟通联系，家园之间达到互相了解，建立相互尊重、信任的关系，进而实现双方的配合与合作。

(5) 协助幼儿园与社区建立合作互助的良好关系

社区在幼儿园中的地位越来越重，社区为幼儿园提供了各种丰富的资源，为幼儿拓展了更加广阔的探究空间。

7. 反思与发展

《专业标准》从反思、研究、发展的角度对幼儿园教师提出了基本要求。

(1) 主动收集分析相关信息，不断进行反思，改进保教工作

幼儿园教师只有全面了解和掌握幼儿保教工作的真实情况后才能客观地做出分析，进而做到真实评价、有效反思、调整和改进保教工作。

(2) 针对保教工作中的现实需要与问题，进行探索和研究。教师要实现专业发展就必须具备实践反思的品质，对自我的教育工作持"积极"的怀疑，有主动的"问题"意识，不断追问和探究。

(3) 制定专业发挥在哪规划，积极参加专业培训，不断提高自身专业素质

幼儿园教师作为专业发展的主体，其专业发展必须是自我导向、自我驱动的结果，因此幼儿园教师需要对自身专业发展进行自我诊断、自我规划。

二、幼儿园教师专业能力存在的问题

（一）对专业能力的重视不够

许多幼儿园教师对《专业标准》中专业能力的界定及其包含的各种维度划分并没有普遍性的认识，对其理解大多也是按照字面意思，通过固有思想对各项专业能力所包含的内容进行主观臆断，没有形成正确全面的基本认识，更没有达到掌握的程度。与之相对应的，许多园所也还未将《专业标准》中对专业能力的界定和内涵阐释作为教师专业能力发展的普遍标准来加以普及、重视，并按照其中的能力要求对教师进行全面促进。

（二）专业能力水平良莠不齐

时下，学前教育行业蓬勃发展，早教、培训机构等方兴未艾，考虑到经济效益及职业发展，幼儿园教师已不是学前教育专业毕业生的唯一选择，从而造成幼儿园教师师资队伍的稳定性不够，幼儿园教师的职业热忱和职业信仰仍有待提高。幼儿教育行业内的发展不均也导致幼儿园教师专业能力良莠不齐，教育资源丰富、实力雄厚的公办园、精品园为幼儿园教师提供良好的发展环境和发展空间，而教育水平落后、资源紧张的农村园、民办园则仍站在生存线上，幼儿园教师也难以树立职业规划与理想。

（三）缺乏反思意识与方法

除实践外，反思是教师专业能力发展的基础，教师任何专业能力的发展都是通过实践与反思的结合而形成的。

幼儿园现行的反思活动通常利用研讨、上交反思材料等形式进行集体或个人的反思，几乎已形成几种固定的模式，教师对于反思过程基本了然于心。在所进行的频繁的反思活动中，"新"的只是每一次需要反思的内容，对教师而言没有任何好奇与期待之感，出现苦于反思、疲于应付的情况。

同时，反思是一种自主意识，不少幼儿园教师满足于现状，对自身和行业的发展并未进行思考与规划，对幼儿园要求的教学日志、教学总结等文字材料总结工作仅仅当成应付的任务，对自身的评价也以幼儿园或者家长的考评和反映为标准，未能准确地评价自身的工作，忽略了自我评价、自我反思的机制。在反思中，因缺乏有效的科研指导，幼儿园教师提到的感受性经验多于启发性思考，也在一定程度上影响了反思的水平，制约了发展的空间。

（四）缺乏提升教师专业能力的健全机制

由于人具有自然的钝性，如若没有相关机制发挥警示与激励作用，那么教师无法在整个职业生涯中恒久保持提升专业能力的动力。当前，由于很多幼儿园长期缺乏提升教师专业能力健全机制的保证，自身有提升动力的教师经过长时间的努力仍无法得到相应回报，最终丧失了增强专业能力的信心和动力，终止自身的发展追求；而原本便没有提升专业能力愿望的教师在缺乏警示机制的情况下，习惯了"随大流""吃大锅饭"，对大部分工作应付了事，为了完成任务而完成任务，导致园所幼儿园教师专业能力水平较低，影响园所整体教育水平。

（五）整体科研实力较弱

有学者指出，一个新教师的成长必须经过两个转化，一个是从教育新手向教育能手的转化；一个是从教育能手向学者型、研究型教师转化。第一个转化目前已形成基本完整的范式，可以依托教学经验的累积；第二个转化则需要依靠将科研工作普遍化。目前，许多幼儿园教师的科研能力较弱，推动专业发展的主要途径仍停留在教学比武、公开课、参观交流、讲授式培训、论文发表等途径，幼儿园教师尤其是从业10年以上的幼儿园教师理论基础较为薄弱，没有系统学习过科学研究方法论，幼儿园提供的专业资料获取途径有限，参与各级课题研究的覆盖面不够广泛，尤其是民办幼儿园的教师参与课题研究的比例更小，导致幼儿园教师行业整体科研氛围不强，难以形成多点开花式的科研成果产出局面。

（六）专业能力发展的策略不足

当前，幼儿园依旧主要运用较传统的途径对教师的各项专业能力发展进行促进，而类似"建立专业共同体""教育行动研究"等严格运用新兴策略促进教师专业能力发展的园所有限。分析原因有二，一是园所关于此类策略方面的学习、培训有限，为避免肤浅的模仿与"知其然不知其所以然"的实践，没有选择运用相应的途径与策略；二是尽管有些园所对此类策略的实施方法、依据、注意事项均进行了系统学习，可是在落实的过程中，由于时间矛盾、条件有限等方面的限制，终究无法持续实施或严格实行。

三、幼儿园教师专业能力总体提升对策

（一）政府及相关教育部门的支持引导

政府引导使幼儿园教育及幼儿园教师专业能力发展得到重视，是进入可持续发展轨道最重要的因素。各级教育管理部门应积极发挥自身作用，为幼儿园教师的社会地位保驾护航，为幼儿园教师专业能力的提升提供良好的外部环境。

1. 完善与落实幼儿园教师的职称评审政策

由于幼儿园教师的职称与小学教师相同、没有被有针对性的单独设置，一方面，一定比例的高级职称评选名额在很多时候被小学教师所占据，无法较平均地分布到幼儿园中即幼儿教师的身上，致使很多幼儿园教师的努力无法得到职称方面相应公平的回报；另一方面，有很多教师已经获得了现有的最高职称（"小高"），相应的职称顶峰使其自然地认为自身的专业发展亦到达了最高水平，常常出现心理原因所导致的自设"疲惫期"，即使还拥有专业发展的潜力也不再发挥，专业能力无法得到长足发展。因此，针对以上两种情况，相关部门可以有针对性地予以考虑，将幼儿园教师的职称体系单独并更加科学地进行设立，以进一步调动幼儿园教师的工作积极性，促进其专业能力的发展。

2. 提供并均衡分配对幼儿园的资金支持

现如今，幼儿园尤其是县乡和农村地区的园所中，依旧存在自身无法独立解决又对幼儿教育质量及教师的专业发展产生较大影响的问题。例如，学校附属园的房舍结构改造、与小学共用户外活动场地的幼儿园独立操场的提供、对无活动区活动场地的园所给予场地支持等，既需要较大投入、园所软件投入，也无法对其所发挥的作用进行替代的重型工程，对普遍属于自收自支单位的园所而言，对这些方面往往没有设置专项经费支出，因此需要政府从文件下达到政策引领再到配套的措施方案一并给予重视，并按照相关规定（如活动区合理空间的大小和布局规定）和相应需要进行资金投入与支持。另外需要指出的是，针对有些地区政府对幼儿园的拨款只集中分配给地区内市幼儿园或者某一所或几所示范园的情况，需要相关部门加以检查和调控，将这部分资金在地区内的幼儿园中进行均衡有效地分配与使用。

总体来说，政府和教育管理部门应加大对幼儿园教育的财政支持力度，缩小不同区域、不同办园属性的幼儿园之间的不平衡性，指导幼儿园尤其是民办园、农村幼儿园形成可持续发展的管理理念，进一步完善、优化对幼儿园的管理规定，确保各级各类幼儿园的数量和质量均能适应社会生态的变化，满足社会的需要。

3. 提升薪资待遇，积极树立社会形象

现阶段幼儿园教师普遍认为保育工作的工作量较大，缺乏时间与精力进行一定的反思及科研工作，同时参加职后进修或培训对薪资待遇、岗位层级的提升并无强关联，导致幼儿园教师对专业能力发展虽有意愿但并无动力。因此，要建立有效的激励机制，首先，应将资源向一线幼儿园教师倾斜，将专业能力发展与幼儿教师涨薪、职称晋升、岗位晋升相关联，留住优秀的幼儿教师人才；其次，应逐步设立和完善幼儿园教师带薪培训、带薪进修的制度，为幼儿园教师解决相关经费的压力，编制相应的考核指标与奖励措施；再次，重视科研工作，鼓励幼儿园、幼儿园教师积极参加课题申报、科研论文评比、教学成果竞赛等学术活动，以赛、以奖来推动整体氛围；最后，充分发挥各个学前教育协会、基金会等社会组织的力量，向幼儿园教师队伍注入活力，同时打造幼儿园教师正面的、积极的、有担当的社会形象。

4. 完善职业通道，打造良好的生态圈

第一，教育管理部门及行业协会应发挥积极作用，缩小公办园和民办园之间硬件、软件、教学力量之间的差距，打破办园属性的界限，逐步淡化"事业编制"的区别，推动幼儿园教师进行教学交流、分享，进而以资源、薪资、发展为条件，实现优秀人才在业界的流动；第二，教育管理部门为幼儿园教师的岗位晋升、职称评定、合理转岗、职业发展提供制度依据，通过科学的机制让优秀人才留在幼儿园教师队伍；第三，打通行政、行业、学界和业界的沟通、对话渠道，打造充满活力的学前教育生态圈；第四，教育管理部门和幼儿园应为幼儿园教师提供关于职业生涯规划的相关指导，改善幼儿园教师关于自身前途的迷茫和困惑，帮助幼儿园教师理解从业各阶段的工作内容、工作特点和工作方向，为幼儿园教师实现自我价值和社会价值打造良好的教育生态圈。

（二）幼儿园的支持对策

1. 加深幼儿园教师对专业能力内涵的了解和掌握

幼儿园教师如若不了解《专业标准》中专业能力的界定和内涵，相当于不了解国家对幼儿园教师在专业能力方面所设定的准入资格与评价考核标准，幼儿园教师在进行专业规划与发展的过程中便无科学依据可寻，也不会结合这些方面的标准寻找自身的差距与进行有目的、有意识的提升，幼儿园教师队伍整体的专业化会出现危机。因此，对《专业标准》的了解学习，幼儿园领导应当加强重视，并在此方面加大投入，通过加强对教师的学习与培训，帮助教师深入了解《专业

标准》中关于专业能力的界定和内涵,并理解以这些能力用以作为幼儿园教师专业能力的背景与依据,在利用《专业标准》为幼儿园教师提供专业能力发展方向和目标的同时,增加幼儿园教师提升自身专业能力的信心和动力。

在此基础上,园所可以运用座谈、讨论等方式,依据《专业标准》进行专业发展的反思与规划活动,使幼儿园教师反思与了解自身现有的专业能力水平与所规定标准之间的差距及欠缺之处。最重要的,园所可以组织并协助教师针对每项专业能力,共同研讨出多种促进其发展的有效活动方案与活动计划,帮助教师结合自身情况,有针对性地对相应方面的专业能力进行提升,使教师总体的专业能力得到提升。

2. 提升任务布置和工作安排的科学性和合理性

尽管园所设置的很多活动与相应要求会使幼儿园教师在专业能力发展方面得到益处,但领导要格外考虑按照教师工作的实际情况,注重布置任务和工作的劳动量、频次等方面的合理性,减少无意义的工作安排。

现实中,幼儿园教师工作量较大,各类资料留档工作繁重,常常要填报学期工作计划,月、周、日工作计划及总结,家园联系册,教案,教学分析报告等相关文档资料,加上幼儿园教师还承担了部分保教工作职责,事务性的工作让幼儿园教师进行专业能力自我提升的精力和动力都不足。园所应当让教学工作和保教工作分别更加专业化,切实减轻幼儿园教师的负担,使各类任务和工作布置科学有效,也为教师个人的专业能力发展活动预留时间;同时,也要及时对各项所布置工作的落实情况和完成效果进行切实的检查和指导,避免检查验收的形式化,促进所设置任务目标的最终达成,使教师在有效的实践活动中得到专业成长。

3. 保证保育员的全面有效保育

在现今的园所工作中,保育员常常做着与保洁员相同的工作,只能在个别时候协助教师,而不能自己独立地进行带班管理,部分园所对保育员工作的规定与给予其的工资报偿也是只针对保洁员的内容和水平,在这种情况下,保育员既无法得到全面有效保育的工作实践机会以提升相应的专业能力,同时也无法使主配班教师从一日繁忙与琐碎的工作中"解放"出来,将更多时间利用在对幼儿进行观察与评价、对自我工作进行反思等与幼儿的有利发展和教师的专业能力提升具有相对重要意义的其他工作中。因此,园所在设置保育员岗位的同时,要合理的规定保育员的工作职责,保证保育员工作的全面与有效性,以使各个教师均可以获得落实相应负责的工作并思考与学习的时间,促进教师专业能力的发展。

4. 提升幼儿园管理水平，创造发展条件

幼儿园的管理水平对幼儿园教师的专业能力发展尤其是职后发展起着至关重要的作用。要获得长效的发展机制，无论是公办园还是民办园，只有运用科学的管理模式，加大园际合作才能为幼儿园教师专业能力的可持续发展创造条件。另一方面，幼儿园要主动为幼儿教师创设提升专业能力的氛围和条件，鼓励幼儿教师参加一切有利于自身专业发展的进修与活动，建立正向的激励与考评制度，鼓励幼儿教师进行反思，并帮助幼儿教师实现有成效的教研活动。

5. 增强对幼儿园教师专业发展有效策略的学习与应用

针对一些先行园所已进行实践的，研究者针对其成效已进行实证的，促进教师专业发展的有效策略，如教师档案袋建设、教育行动研究等，园所应该在学习了解并结合自身发展情况的基础上，有选择性、有针对性地进行鉴别与应用，不断拓宽思路，尝试发展适合园本实际的促进教师专业能力发展的策略，利用多种形式和多种途径，坚持打好促进教师的专业能力发展的"持久战"。

（三）教师个人的能力提升对策

内因是影响事物发展的源泉和动力。不论外部条件如何完善，幼儿园教师内在的动因才是推动自身专业能力发展的决定性因素。

1. 幼儿园教师树立专业能力发展意识

作为幼儿园教师，应深刻认识到教师岗位绝不仅是谋生的手段，而是一个重要的、专业的社会角色，需要强烈的认同感、投入感与奉献精神，同时应具备特定的专业能力方能胜任。幼儿园教师应自觉地树立专业发展意识，主动匹配专业要求。

2. 幼儿园教师积极提升专业能力

幼儿园教师应参照《专业标准》的要求，不断完善自身的知识结构和专业体系，准确地进行自我评价，并寻求专业指导；不断实践和反思提升自身理论水平和专业技能。一方面，要不断强化幼儿园教师工作的使命感，内化职业道德和职业素养，敬业精神不仅体现在对现有工作的一丝不苟，更体现在始终谋求自身专业能力的不断提升；另一方面，幼儿园教师应有意识主动地参加职后培训、教学评比、科研竞赛等专业能力活动，实现以研代训、以赛代训、以训促研的良性互动机制。

3. 幼儿园教师形成自主反思习惯

教师的专业发展是一个动态的过程，会呈现出一定的阶段性和规律性。幼儿园教师应在这个动态过程中保持思考，准确地判断出自我发展的阶段并寻求科学的发展路径。幼儿园教师的工作内容较为广泛，只有具备良好的自我评价能力和反思意识，及时对教育教学工作进行复盘，才能形成自我反馈、自我调节、自我成长的良性循环，为专业能力的持续发展提供内在驱动力。

四、幼儿教师专业能力具体提升对策

（一）环境的创设与利用

1. 建立良好的师幼关系

幼儿园教师要在实践中不断总结师幼关系建立的有效途径和策略，提升自身与幼儿沟通、交流的专业能力，用发自内心的关心和爱强化幼儿和教师的情感联接，使幼儿在教师那里敏锐地感受到一种期待、一种力量，从而得到温暖。

2. 引导幼儿建立良好的同伴关系

幼儿园教师可以在一日生活中为幼儿创设交往的机会，在具体的游戏、生活、学习等情境中引导幼儿了解同伴间友好相处的方式，学会理解他人、关爱他人，学会人与人交往常用的礼貌用语"谢谢""对不起""没关系"等，形成团结合作、互相关心、平等互助的同伴关系。

3. 营造良好的班级氛围

幼儿园教师要为幼儿创设安全、舒适的班级环境，在满足幼儿生理、情感、尊重等需求的基础上，建立有序的班级秩序。良好的班级氛围，既能支持幼儿主动、积极地活动，又能维持班级活动的井然有序。

4. 合理利用资源，提供丰富多样的学习材料

幼儿园教师可以从幼儿园周围的自然资源、社区资源及幼儿的家庭生活中收集具有教育价值且无毒无害的材料，将幼儿的学习空间从园内向园外拓展，获取更为丰富、可操作的自然、生活材料等，保障幼儿学习、游戏材料种类齐全，数量充足，引发和支持幼儿的主动活动，有效促进幼儿迁移、联接、拓展经验，从而获得全面和谐发展。

（二）一日生活的组织与保育

1. 建立一致而灵活的一日生活流程

幼儿园教师需要在班级建立完整、一致的一日生活流程。在此基础上整合每天各环节内容安排。一日生活流程的某些部分可以让幼儿进行选择，或让幼儿参

与流程的设置、内容的安排。

2. 安排和组织多种形式的活动

幼儿园教师要为幼儿提供选择的机会,让幼儿在活动各环节中主动参与解决问题、整理物品等;同时,教师也要提供多种学习活动形式,如集体、小组和个别学习,满足幼儿不同活动需求。

3. 将教育灵活渗透到一日生活

幼儿园教师要认识到一日生活的每一个环节具有极大的教育价值。例如,生活活动,除能够渗透幼儿生活习惯与生活能力发展外,还能促进幼儿倾听与表达、人际交往、数学认知等发展,教师可以通过午餐播报、喝水记录、自主用餐、值日服务等方式帮助幼儿实现这些方面能力的发展。

4. 关注和重视幼儿的健康和安全

幼儿的身体机能发育尚不成熟,自我保护能力较弱,不能自如地对自身需求进行调节。幼儿园教师要不断强化安全意识,掌握必备的安全知识,了解应对安全问题的方法;同时,合理安排幼儿的一日生活活动,确保他们具有良好的精神状态,鼓励幼儿参与各项探索,采取措施保护幼儿安全和健康,在活动与安全之间把好尺度。

(三)游戏活动的支持与引导

幼儿在个性上存在较大的差异,在这一时期教师需关注幼儿的专长,并且有针对性地对幼儿专长进行开发,以促进幼儿的健康成长。对幼儿教学方法的创新,主要是以游戏教学创新为基础,原因是幼儿对游戏有与生俱来的喜爱,利用游戏开展教学可激发幼儿主动参与学习的情绪,促进幼儿身心健康成长。

1. 深入理解幼儿园游戏的特性

所有年龄的儿童都喜欢游戏,游戏可以发展他们的体能,使他们享受户外的空气,帮助幼儿园教师了解儿童的世界。在游戏时,培养与其他人互动、表达和控制情绪、发展使用符号的能力和解决问题的能力,以及练习新习得的技能。

首先,在游戏中,幼儿可以通过动作的变化,多次重复自己感兴趣的动作和姿势而不受任何限制。其次,幼儿具备较强的好奇心,而游戏能够满足其对周围环境的探索欲望,满足幼儿的认知发展需要。在游戏中,幼儿通过交流、操作等活动,满足自己的好奇心及兴趣点。游戏让幼儿在一种自由的、轻松的环境中获得愉悦的情感体验。

幼儿园教师要认识到,游戏是很重要的教育手段,可以帮助幼儿发展自我调控能力，也可以培养他们在语言、认知和社交方面的能力，要充分尊重幼儿在游戏中的主体地位，对幼儿进行鼓励，使他们能够在游戏中自主学习与发展。

2. 创设开展各种游戏的条件

幼儿园教师需要提供符合幼儿兴趣需求、年龄特点和发展目标的游戏条件，充分利用与合理设计游戏活动空间，保障充足的游戏时间，提供丰富、适宜的游戏环节，支持与引导幼儿的游戏活动。

3. 引导幼儿在游戏中获得多方面发展

幼儿园教师需要在游戏中了解幼儿的发展水平、丰富幼儿游戏的经验，在协同游戏、材料分享和有规则的游戏中推动幼儿的社会性发展，有目的、有计划地将幼儿身体、认知、语言和社会性等多方面的发展有机地结合在一起。

从游戏内容上来看，游戏设置上应充分表现幼儿个体差异，如有必要可让幼儿自行选择游戏内容，使每一名幼儿均可找到自己喜欢的游戏类型，激发幼儿的想象力及感知力。需注意的是传统的教学中游戏往往是在园内进行，这样使游戏存在一定的局限性，对此可开展一些户外活动以扩大游戏吸引力，必要时可以组织父母同幼儿协同参与游戏，这样既能够激发幼儿的兴趣，而且还可以构建良好的亲子氛围，帮助幼儿形成热爱生活的思想理念。

在游戏组织方式上也可体现在对游戏自主性、合作性的创新上，依据幼儿各年龄段的性格特征可安排年龄层不同的幼儿群体进行模仿、学习，让幼儿主动进行交流沟通。比如，熟知的"捉迷藏"游戏，通常都是一个人作为寻找者，其他的人为躲藏者，在这个过程寻找者其实是孤独的，而如果将寻找者的人数变为2个人，将约定的寻找时间缩短，这样不但可以提高游戏效率，而且可以培养幼儿的团队合作意识及思考能力。如果寻找者从1个人变成2个人就需要躲藏者有良好的伪装能力，幼儿在这一过程需进行思考，利用这样的游戏有助于培养他们的思考能力，使得游戏变得更具有教育意义。

（四）教育活动的计划与实施

1. 制定合理的阶段性教育活动计划

幼儿园教师要制定以学期为时间单位的长期教育活动计划，以及月、周等中短期活动计划，并制订具体活动方案。教育活动计划要结合幼儿实际情况，统筹考虑各个环节、各项活动的相互渗透，确保幼儿进行全面、均衡的学习。

2. 确定适宜的教育活动主题和目标

幼儿园教师要按照生成和预设两种途径确立教育活动主题与目标，关注幼儿感兴趣且具有教育价值的事件,选择贴近幼儿生活经验的话题,注重从幼儿的角度出发设计教育活动,实现幼儿兴趣需求与教育目标的有机结合,促进幼儿的主动学习。

3. 选择多样的组织形式和教育方式

幼儿园开展的教学活动,是推动学前儿童发展的重要方式,设计科学合理的教学活动,能够更好地促进幼儿的全面发展,提高幼儿园教学质量。要开展多样化的教学活动,从幼儿身心发展出发,采用多种形式有计划性引导幼儿发展。幼儿的教育,包含了幼儿园的一切活动,从健康、语言、社会、科学、艺术等五大领域设计教学活动,推动幼儿的全面发展。从组织形式来说,集体活动、小组活动、个人活动,对幼儿有着不同的教育功能。在教学活动中,要相互配合、相互补充,根据幼儿身心发展规律,选择适当的教学组织形式。一般情况下,小班幼儿适合集体活动,中、大班幼儿可以适当增加集体活动。与此同时,应该适当的组织社会实践活动,例如,参观博物馆、救助小动物等,都是在培养幼儿全面性上必不可少的形式。

(五)激励与评价

1. 发现每一位幼儿的独特性和优点

每一名幼儿都有其独特之处,也都有其优点所在,幼儿园教师要从幼儿日常表现中及时捕捉每个幼儿的闪光点,用赏识的眼光看待幼儿的点滴进步,对这些有价值的学习瞬间给予及时的、适宜的鼓励,使每一位幼儿都能感到自信、快乐。

2. 客观全面地了解和评价幼儿

幼儿园教师要在自然状态下对幼儿进行有目的、有计划的观察,可以比较客观、有效地观测幼儿的行为,获得有价值、有意义的资料和信息,并作为评价幼儿的可靠依据。除此之外,可以对同一幼儿或对某一项活动进行连续观察,还可以从不同的教师和家长那里获得信息,从而更全面地了解和评价幼儿。

(六)沟通与合作

1. 学会倾听幼儿

具有沟通与合作能力的幼儿园教师要在一日生活中敏锐地观察幼儿的眼神、情绪、动作及异常行为,及时给予恰当的回应。教师可以运用如拍摄照片及录制视频、白描记录、适时介入等方式观察、倾听、理解幼儿,解读幼儿行为背后的原因,真正树立以幼儿为中心的理念,站在幼儿的立场进行教育决策,以平等的态度和专业的理念推动幼儿更好地发展。

2. 注重同事交流

教师间的交流合作有利于加强专业切磋、经验分享，有利于形成一种研究的氛围、一种研究的文化、一种共同的价值取向。与同伴互相学习、彼此支持，达到共同成长的目的。

3. 密切家园联系

幼儿园教师与家长保持经常性的双向沟通，有利于防止幼儿不良行为习惯的养成，有利于促进幼儿的成长。幼儿园教师可以通过多种方式和家长进行积极有效地沟通，如面谈、打电话沟通、召开家长会、开展亲子活动、借助家园联系册、家访、组织家长志愿者活动等。要让家长参与幼儿园各类活动中，与教师形成共同的教育理念。

（七）反思与发展

具有反思与发展能力的幼儿园教师首先要有反思的自觉，基于自我发展的内在需求，还可经常性地进行阅读反思、互动对话式的研讨反思，并可基于实际问题进行班级小课题研究。除此之外，深入理解和领会"反思与发展能力"的基本要求，需要理解"勤于学习，不断进取"的专业理念与师德，要把教育理论与保教实践相结合，与标准其他部分的要求相联系，整体考虑，全面提升。

第三章 幼儿园教师的专业发展

幼儿园教师的专业发展是将个人的需求、理想、愿望与个人实际能力等相结合做出规划并付诸行动的过程，是对幼儿园教师职业生涯进行规划与经营的过程，是幼儿园教师自身发展的过程，将伴随幼儿园教师的整个职业生涯。本章对幼儿园教师专业发展的内涵、幼儿园教师专业发展的阶段和幼儿园教师专业发展的影响因素三方面展开论述，以进一步明确幼儿园教师的专业发展方向。

第一节 幼儿园教师专业发展的内涵

一、教师专业化发展的内涵

教师专业化发展是职业专业化发展的一种类型，是指教师"个人成为教学专业的成员并且在教学中具有越来越成熟的作用这样一个转变过程"。一定的专业标准及一系列措施和途径，使教师职业由半专业化、准专业状态或"形成中的专业"，逐渐转变发展为专业状态。它不仅要求有职业资格认证等外在的条件和制度保障，而且要求一个从业者群体和教师个体的自觉有内在追求，它是一个终身学习、不断成长的过程。

二、国内外教师专业化发展内涵的研究

（一）国外教师专业化发展内涵的研究

20世纪60年代，美国学者开始关注教师专业发展；70—80年代，教师专业发展在欧美得到广泛关注。

"教师专业发展"这一概念也是在70年代和80年代对教师发展阶段的研究及90年代认知心理学对教师素质的研究基础上逐渐形成的。学者们对"教师专

业发展"这一概念有各自的见解。

研究者认为，教师专业发展即为教师专业成长的过程。富兰（Fullan）和哈格里夫斯（Hargreaves）认为教师专业发展这一词汇有两层含义，其一是指教师在多年的教学实践中，其教学观念、技能、沟通与合作等方面得到的发展；其二是教师通过在职教育或在职培训来获得专业上的发展。霍伊尔（Hoyle）提出，教师在其教学生涯的每个阶段中获取所需的教学知识、提高其教学技能的过程即为教师专业发展。佩里（Perry）指出，"专业"一词不同的人在使用它时可能代表了不同的意义。从最积极的意义上讲，教师的专业发展所涵盖的内容更广，这意味着教师已经能在教学技能上有所突破并转向对教学艺术的追求，他能将实践知识转为理论知识，形成自身的专业理论体系；从中立的意义上讲，教师的专业发展表明教师在其职业生涯上的进步，包括教学效能感的增强，教学技能的提升，对学科知识理解的加深及对自身教学行为原因的追寻。格拉特霍恩（Glatthorm）认为，教师发展即教师专业成长，也即教师在职业生涯中教学经验的增加和对教学进行的反思等。

尽管一些研究者没有具体定义教师的专业发展，但从学者们选择使用的词汇、翻译中可以清楚地看到他们观念中的教师专业发展，如斯帕克斯（Sparks）和赫什（Hirsh），他们在研究中把专业发展、教师培训、教师教育等作为完全可以相互取代的词汇来使用，可以看出他们认为的教师专业发展等同于教师培训、教师教育。

（二）国内教师专业化发展内涵的研究

国内对教师专业发展内涵的研究，通常有两种，即教师专业的发展、教师的专业发展。教师专业的发展与教师培训有关，重点在于对教师职前、职后培训的研究。教师的专业发展侧重于教师从非专业向专业的过渡，注重研究教师的专业素养、专业技能、专业理念等。我们所说的教师专业发展通常指教师的专业发展，也即教师在长期工作中专业素养、专业水平的发展。

学者叶澜提出，教师专业发展是教师的专业成长或教师内在专业结构不断更新、演进和丰富的过程，教师专业发展包括了教育观念、教育知识与能力、专业态度和动机、自我专业发展需要意识等多个方面。朱宁波认为，无论是教师职前的学习阶段，还是在职期间的进修阶段，教师都需要不断地学习和反思，丰富自身的专业素养，最终达到专业成熟的状态。朱新卓表示，教师的专业发展是指教师的专业知识、专业技能和专业态度等方面不断完善与提高的过程，是由非专业人员向专业人员转变的过程。朱玉东提出，教师专业发展是教师在专业素质方面不断成长并追求成熟的过程，教师专业信念、专业知识、专业能力、专业情意等不断更新、演进和完善的过程。

三、幼儿园教师专业化发展的内涵

幼儿园教师专业化发展包括两层含义：职业专业发展和自身专业发展。幼儿园教师职业专业发展是指按照从事幼儿教育所需的专业知识、综合能力指标等标准，采取考试、评价等一系列措施和途径，使幼儿教育技能成为一种专业的发展过程；幼儿园教师自身专业成长则指幼儿园教师拥有一系列的专业知识和技能，并能够运用它们对幼儿及其家庭及影响幼儿的社会系统施加影响的发展过程。

四、幼儿园教师专业化发展的价值取向

社会上有些人认为，幼儿园教师就是说说唱唱、写写画画、蹦蹦跳跳，干着"看小孩、教小孩"的活，是一份很简单的工作，没什么高难的技术含量，不需要达到高深的专业程度。但是，幼儿教育必须关注3—6岁幼儿健康、语言、社会、科学及艺术各个领域的协调发展，幼儿园教师是对幼儿实施保育和教育的专业人员，须秉持正确理念、掌握专业知识、具备专业能力。他们提供的这种社会服务是特殊的和不可替代的。因此，幼儿园教师是一个拥有专业素养的职业，幼儿园教师的专业发展需要得到高度重视。

我国学前教育事业的发展需要专业的幼儿园教师。随着《国家中长期教育改革和发展纲要（2010—2020年）》《关于当前发展学前教育的若干意见》等政策的贯彻实施，大力发展学前教育正成为我国教育事业发展的一道亮丽风景线，而学前教育事业发展需要建设一支师德高尚、业务精良的幼儿园教师队伍。当前学前教育面临的最大挑战就是全面提升幼儿园的保教质量，幼儿园教师作为办好学前教育的第一资源，其专业发展水平是影响学前教育质量的关键。幼儿园教师质量决定着学前教育的质量，高素质专业化的幼儿园教师队伍是高质量教育和儿童健康发展的重要保障。

促进幼儿全面、和谐发展需要专业的幼儿园教师。对3—6岁的幼儿进行科学的教育，是一项专业性很强的工作。幼儿的身心发展特点决定了他们的生活自理能力还很低，自律能力较弱，保教并重也由此成为幼儿园教育的重要特征，需要教师有更大的耐心、更多的爱心，要求幼儿园教师依循特殊的专业伦理；幼儿的身心发展规律和学习特点决定了他们主要是通过行动和经验来学习，运用多种

感官来学习，需要教师具有幼儿身心发展规律和学习特点方面的知识，具有观察和分析幼儿行为表现的能力，具有不断设计课程的能力等。因此，对幼儿实施保育和教育职责的幼儿园教师，需要具有特定的专业素质，具有良好的职业道德与态度、专业的教育知识和技能。

第二节 幼儿园教师专业发展的阶段

一、国内外对教师专业发展阶段的研究

（一）国外对教师专业发展阶段的研究

美国学者富勒（Fuller）是最早开展教师专业发展阶段研究的。1969年，富勒通过大量的访谈、查阅文献后编制了《教师关注问卷》。他认为，在教师专业发展的过程中，教师关注的重点是不同的且有一定的规律。据此富勒提出了职前教师专业发展阶段理论，该理论呈现了教师要经历的四个阶段，即教学前关注阶段、早期生存关注阶段、教学情境关注阶段和关注学生阶段。富勒认为教师从入职到成为专业教师的过程中，总是先关注自身，再关注教学，最后关注学生。

富勒之后，越来越多的学者开始关注教师专业发展，他们开始根据教师的专业程度、教学态度、教学主动性等各个方面为教师的专业发展划定阶段。美国学者卡茨（Katz）提出将在职教师的专业发展划分为四个阶段。任教开始第一年和第二年是求生存时期。任教第三年是巩固时期；任教第四年是更新时期。教师要达到成熟时期的时间并不完全相同，有些需要二三年即可，有些可能要经过五年或更多时间，成熟时期的教师教学经验相对丰富，对一些教学问题有自己比较成熟的看法，能够深入反思或考虑一些抽象问题，这一时期的教师需要继续参与教学交流活动，不断接收新的信息。

20世纪70年代末80年代初，美国一些学者以数据整理为基础提出了教师专业发展的理论框架，与以往研究不同的是，以往关于教师专业发展阶段的研究大多带有研究者的个人主观色彩，此时美国学者以大量的访谈为基础，调查结果更具科学性，在研究方法上有所进步。较有代表性的是伯登（Burden）的研究，他将教师专业发展划分为三个阶段：求生存阶段、调整阶段、成熟阶段。但伯登与卡茨的研究都仅仅止步于教师的成熟阶段，他们认为教师在进入成熟阶段后自然

会继续成长，之后的专业成长并不会发生任何变化，忽略了教师的专业发展可能会受挫、可能会停滞不前的问题。

20世纪80年代，教师专业发展理论的研究蓬勃发展。美国学者费斯勒（Fessler）提出了教师发展的八个阶段，即职前教育阶段、引导阶段、能力建立阶段、热心和成长阶段、生涯挫折阶段、稳定和停滞阶段、生涯低落阶段，以及生涯退出阶段。他的研究将教师专业发展阶段理论向前推进了一大步，弥补了卡茨等人的研究缺陷，关注了教师的低落时期。1989年，美国学者司德菲（Stetty）在费斯勒的研究结果上，提出了教师生涯的人文发展模式，即预备生涯阶段、专家生涯阶段、退缩生涯阶段、更新生涯阶段和退出生涯阶段。

国外研究者对教师专业发展的划分逐渐趋于成熟，研究初期的学者关注重点在教师新入职到成熟阶段，忽视了教师专业发展的停滞阶段，随着研究不断深入，学者对教师专业发展阶段的认识更科学、全面。

（二）国内对教师专业发展阶段的研究

教师的教龄、职称、科研情况等是我国研究者进行教师专业发展阶段划分的主要依据。

对教师专业发展阶段的划分，我国学者吸收了教师专业社会化研究，考察教师的社会化历程。吴康宁认为，教师专业化的过程就是专业社会化的过程，他认为教师专业化要经历预期专业社会化、继续专业社会化两个阶段。邵宝祥等人认为教师专业发展第一阶段是适应阶段（1—2年），第二阶段是成长阶段（3—8年），第三阶段是称职阶段（35岁以后），第四阶段是成熟阶段。

基于以上国内关于教师专业发展阶段的研究，可以发现国内教师专业发展阶段的研究是以国外研究为基础的，国内外学者对教师专业发展阶段的内涵及阶段划分基本达成共识，教师专业发展多指教师的专业素养、信念、能力等从非专业到专业的过程，教师的专业发展阶段大多为三阶段或是五阶段。

二、幼儿园教师专业发展的阶段概述

作为专业的教育教学工作者，每一位教师都要经历这样的发展道路，即从不成熟到成熟，再到具备更为深厚的专业素养。在这逐渐成熟，走向专业化的过程中，教师需要坚持在教学工作中学习、实践、反思，从而不断积累专业知识、提升专业能力。根据教师专业发展阶段理论，本小节将幼儿园教师专业发展阶段分为三个阶段：新手型教师、成熟型教师、专家型教师。结合我国教师职称评审制度，一般来说，教龄越高，职称越高，教学经验相对更丰富。因此，在遵循教师专业发展阶段理论的前提下，再根据教师的教龄、职称等情况将新手型、成熟型、专家型教师分别定义，如表3-2-1所示。

表3-2-1 幼儿园教师专业发展的阶段分类

阶段	教龄
新手型	3年及以下
成熟型	4—9年
专家型	10年及以上

此外，专家型教师需要符合以下两个条件：①教龄在10年及以上；②职称为高级教师及以上，并且获得省级及以上优秀教师、学科带头人等称号。若教师工作年限符合但职称及所获荣誉未达标则归为成熟型教师。

（一）新手型幼儿园教师

在美国，新教师是指已经完成了在学校的学业，并且完成了参加工作之前的培训，获得了临时的教学资格，能够承担一定的教学任务和工作的教师，这些教师是处于教学第一年的教师。在国内，新教师是指那些通过在师范类院校的学习之后参加工作，但还缺乏教育实践经验的教师。

基于此，笔者认为，新手型教师指结束了示范教育课程后进入教师专业岗位，还没有完全适应、胜任教学的教师。而新手型幼儿园教师则是指结束了学前师范教育，获得了幼儿教师资格，入职3年以下的幼儿园教师，这些教师和经验丰富的教师所从事的工作一样，只是没有足够的实践经验。

（二）成熟型幼儿园教师

成熟期教师是从教约3年之后，基本上可以胜任自己的工作，能够达到教师的岗位要求的教师。

基于此，成熟期幼儿园教师是指可以胜任自己的工作，能够达到教师的岗位要求，有一定实践经验的教师。

（三）专家型幼儿园教师

专家型教师是具有丰富的教育实践能力、丰富的专业知识、先进的教育理念的教师，在教育实践活动中他们能够以较强的组织能力、管理能力和教育教学能力在教学岗位上起到示范、引领作用。

专家型幼儿园教师是那些在业务水平较高、科研能力和反思能力较强、沟通能力较好的优秀幼儿园教师。

笔者认为专家型幼儿园教师是指职称为高级教师及以上并且获得省级及以上优秀教师、学科带头人等称号，具有先进的教育观念，丰富的专业知识，较强的教育教学能力和科研能力，以及实践反思能力和组织沟通能力的优秀幼儿园教师。

三、幼儿园教师专业发展不同阶段的比较

（一）幼儿园教师心理特征方面

专家型幼儿园教师在教学策略、成就目标、人格特征等方面的表现都明显高于成熟型幼儿园教师和新手型幼儿园教师，在克服职业倦怠方面专家型幼儿园教师同样要优于成熟型和新手型幼儿园教师。

（二）幼儿园教师知识结构特征方面

就成熟型和专家型幼儿园教师而言，新手型幼儿园教师往往拥有丰富的普通文化知识和专业学科知识，基本了解教学理论方面的知识，但在教学实践知识方面有所欠缺。专家型幼儿园教师拥有丰富的教学实践知识，能够熟练运用教学理论，但所掌握的普通文化知识、专业学科知识可能有些陈旧，需要进一步更新。成熟型幼儿园教师知识结构相对稳定，但还需不断深化学习。

（三）幼儿园教师备课策略方面

在备课时，专家型幼儿园教师会从细节着手，真正做到了以学生为中心，关注学生的思维发展；新手型与成熟型幼儿园教师在教学导入、习题设置等方面呈现单一趋势，不能很好地照顾学生的实际情况。

（四）教学行为方面

相较于新手型幼儿园教师，成熟型幼儿园教师、专家型幼儿园教师的教学行为更显优异，他们的师生课堂语言结构更优、课堂提问策略水平更高，而在重难点训练和讲解技能上，也值得新手型幼儿园教师多加学习、汲取经验。

（五）课堂教学方面

专家型幼儿园教师在教学设计上重点突出灵活性，层次分明；教学策略更符合学生认知特点；课堂语言更简练、有效。

四、幼儿园教师专业发展不同阶段的特点

（一）新手型幼儿园教师的特点

步入幼儿园教师岗位后，摆在新手型幼儿园教师面前的是各种各样的问题。其一，心理适应问题。新手型幼儿园教师从学生变为教师，角色发生很大变化，由听课者变为授课者，由被组织者变为组织者，需要在心理上进行调整，以更快进入角色，更好地适应教学工作；其二，相较学校这座"象牙塔"而言，社会中无论是环境还是人际关系都较为复杂，需要新手型幼儿园教师学会妥善处理、从容应对；其三，新手型教师既需要完成繁重的教育教学工作，又承载着较重的压力，如幼儿园内激烈的竞争、幼儿家长给予的高期望与高要求、培育幼儿健康成长的重任等。新手型幼儿园教师本身缺乏工作经验，又往往有着迫切做好所有工作的愿望，加之处于新环境适应期，所以会出现工作效率不高、工作成果不突出等问题，压力更随之增大。

1. 新手型幼儿园教师的发展优势

①轻，有活力，比较受幼儿欢迎；

②工作有热情、有精力，能虚心向老教师学习；

③工作不愿受拘束，思维灵活，勇于创新，敢于接受挑战。

2. 新手型幼儿园教师的劣势

①缺少将理论知识具体化为教育实践的能力；

②对课程中各领域目标、内容与要求认识不清、把握不准，教学水平处于"茫然式教学"；

③缺少以幼儿为主体来组织幼儿学习的教育教学组织与实施策略和技能；

④缺乏良好的知识结构和一定的教育经验，工作中遇到问题时，较多地关注自身的经验而不能调动贮存的有效信息、可供反思的参照系知识，只能凭借直觉，非理性地做出一定反应，因而不能有效地解决问题；

⑤忽视幼儿不同年龄段身心发展的特点，常把幼儿的一些特点当缺点，在尊重幼儿的程度上还处在一般水平，比较形式化、表面化；

⑥保育工作经验欠缺，对幼儿的生活管理与照顾、日常生活行为习惯的养成，缺乏一定的认识及有效的方式方法；

⑦不善于调控自我情绪与幼儿的情绪；

⑧与家长交流有一定困难，缺乏相应的沟通策略。

3.新手型幼儿园教师的困惑

①对自己有着较高的期望，希望能做出优异而突出的工作成绩，但往往很难达到这份心理预期，理想的成功和现实的成绩相差较大。这份落差会影响新手型幼儿园教师的自信心，使他们产生心理上的矛盾。

②新手型幼儿园教师在教育经验上存在不足，在任教方法技能上还有所欠缺，所以当他们从事教育教学工作实践时，一旦遇到问题就容易出现慌乱情绪，不能很好把控活动进程，很可能导致活动失控、难以继续。因此，担心幼儿的乱与吵闹成为新教师最大的精神压力。

③新手型幼儿园教师在踏入工作岗位前，大多对教师职业饱含热情，有着向往与憧憬。然而实践中的诸多问题和烦琐事务冲击着这份"理想化"，在现实的压力面前，新手型幼儿园教师常常会郁闷失意，严重的还会有反感、厌烦等消极情绪。

（二）成熟型幼儿园教师的特点

在经历一段适应时间之后，新手型幼儿园教师逐渐走向成熟，他们的特征也发生了很明显的改变——从懵懂到游刃有余，不仅能够从容地承担幼儿园交托的各项教育教学工作，还能够取得较好的成绩，拥有突出的教学成果。相较于新手期而言，成熟型幼儿园教师的成熟期较为漫长，并且大部分教师的专业化程度也基本停留在这一时期。从这点来看，成熟型幼儿园教师的基本特征其实也代表了大部分幼儿园教师的专业发展情况。

1.成熟型幼儿园教师的优势

（1）丰富的教育经验和扎实的教育实践能力

成熟型幼儿园教师在长期的教育教学工作中积累了大量的专业知识，全面提升自身专业能力，有着更坚实的专业发展基础。他们有着丰富的实践经验，并在实践中对教学基本原理和幼儿身心发展规律有了更深的了解与感悟，组织教育活动时，在指导和创设有利于幼儿发展环境等方面具有更强的能力。

（2）多元化的知识结构和科学文化素养的不断提高

为了更好地开展教育教学工作，解答幼儿提出的各种问题，成熟型幼儿园教师始终保持自我学习、自我完善的良好状态。具体表现为：不断追求学历的提高、不断挑战自己的教育实践能力、对于先进教育理论的敏感……成熟型幼儿园教师已经不满足于在自己的岗位中自我发展，他们寻求更多、更为广泛的各种学习与锻炼的机会，渴望自己的教育实践能力能够在新的理念与实践的刺激下有所超越。

（3）反思性提高与自我完善的专业发展

一方面，成熟型幼儿园教师能够逐渐掌握较为全面、准确的幼儿教育所需要的各种专业知识和专业技能；另一方面，他们能够通过主动反思与研究，通过实践对各种教育策略、方法融会贯通，实现灵活运用，以期达到真正有效的教育成果。

（4）有开展家长工作的能力，并能较好地利用家长资源

在与家长沟通交流过程中，成熟型幼儿园教师具有更多的沟通经验和更为有效的沟通技巧。他们能够灵活地采用各种沟通方式，及时将幼儿园的教育目标告知家长，使家长更好地配合幼儿园的教育教学工作。他们能够对家长资源进行充分的利用，形成家园互动、合作共育的良好局面。

2. 成熟型幼儿园教师的劣势

（1）家庭负担

随着教学年限的增加，成熟型幼儿园教师的年龄也在不断增长，在家庭中肩负更多的责任，往往既要照顾老人，也要抚育孩子，承担着诸多压力。在这样的情况下，工作和家庭有时会出现矛盾，而如何处理好二者关系，也成为摆在成熟型幼儿园教师面前的一大难题。

（2）视野狭窄

成熟型幼儿园教师虽然积累了大量知识经验，但对一些教育理念内涵的理解还不是很深刻，缺乏对教育的深入思考，独立研究精神和教育理论的提炼能力还不够强。教学策略特征表现为趋新性、不稳定性。

（3）缺乏个性

与专家型幼儿园教师相比，成熟型幼儿园教师还未能形成具有自身特色的教育风格、教育思想，相对来说缺乏个性。

3. 成熟型幼儿园教师的困惑

①感觉无法超越和突破自己，专业发展停滞不前；

②工作中由于缺乏挑战和成功感而觉得日复一日，逐渐失去了工作的热情；

③对一些有争议的观点缺乏判断能力，感到茫然；

④出现职业倦怠，有时对工作产生厌倦、对孩子产生厌烦。

（三）专家型幼儿园教师的特点

专家型幼儿园教师具有鲜明而独特的教育风格、教育意识，在幼儿教育教学

实践中，他们始终走在前列，推动着幼儿教育课程改革的进行，既是优秀教师的代表，也对幼儿园教师队伍的专业发展起到引领与带动作用。

1. 具有符合时代精神、与时俱进的教育理念

在教育理念上，专家型幼儿园教师始终紧跟时代步伐，做到与时俱进，不断对教育观、儿童观和教育活动观等进行更新，在教育教学实践中运用最新的教育理念，更好地助推幼儿健康成长。

2. 具有多层复合的知识结构

专家型幼儿园教师的知识结构不是单一的，而是多元的、多层次的，融科学精神与人文精神为一体，既表现出教育行为的科学性、艺术性，也体现出个人的独特性。

3. 具有创造性设计、开展教育活动的能力

专家型幼儿园教师实现了由教育方案执行者向决策者、组织者的转变，主动创设更开放、更多样的教学环境，设计更为丰富的教育活动，对幼儿与环境、同伴、教师之间的互动与交流起到积极促进作用，更好地引导幼儿主动探究、主动发展。

4. 具有教育研究的能力

专家型幼儿园教师拥有科研意识、掌握科研知识、具有研究能力，能够立足自己的教育教学实践，结合教育对象进行研究，也能够在研究中进一步发现问题、研究问题、解决问题，最终实现改进教学、提高教育教学质量、促进幼儿发展的目标。

5. 具有强烈的求知和探究欲望，乐于学习，及时反思

专家型幼儿园教师深知终身学习的重要意义，具有强烈的学习自觉性和热情及求知、探究欲望。他们视继续学习为可持续发展的动力，在自我教育实践中，不断学习、思考、审视、判断、总结，不断调整教育教学过程，规范自己的教育行为，获得专业成长与成熟的基础，成为专业知识发展的促进者。

6. 具有开拓进取，勇于创新的精神

真正的专家型幼儿园教师既具有开拓进取的精神，又拥有平和的心态，不视研究活动为工具，而视其为对真善美理想境界的追求。因而，能保证各种研究、尝试不走入误区，始终不渝地朝着自己既定的目标而努力。

五、幼儿园教师专业发展不同阶段的发展要求

（一）新手型幼儿园教师要在教学实践中积累经验

新手型幼儿园教师刚刚步入职业生涯，对职业生活充满着向往与热情，他们想做好岗位上的每一件事，但往往又因缺乏经验而感到力不从心，"为什么自己用心设计好的教学活动孩子们总是不感兴趣？""我设定的教学目标是不是适合班上的孩子？""为什么每次的教学活动都跟我预想的有很大差距？"等诸如此类的问题几乎每位刚入职的幼儿园教师都会遇到。作为新手型幼儿园教师，需要尽快适应幼儿园的职业要求，在工作中积累经验。

实践表明，该阶段的幼教面临着更多的挑战和困难。但是，这个阶段也是决定幼儿园教师日后发展方向的关键所在，尤其是步入工作岗位的第一年，对于年轻的教师来说可能会有很强的不适应感。产生对自身职业的倦怠感，无法顺利地开展幼教工作。新手型幼儿园教师具有更新的专业知识，但是大多数知识处于理论状态，缺乏实践性，在实际教学过程中倍感不适性。

作为新手型幼儿园教师，需要积极与自己的搭班教师及有经验的同事沟通、交流，尽快消除刚进入工作时的生疏与畏怯。虽然新手型幼儿园教师在学校中接受了专业培训，拥有扎实的专业知识基础，但这些知识大多来源于书本，属于理论知识范畴，而在实践知识的掌握上，他们往往存在很大的欠缺，继而产生理论脱离实践的问题。因此，新手型幼儿园教师的当务之急便是尽快增加自己的教学实践经验：其一，应当多观摩、多模仿。在幼儿园中可以多观摩有经验的教师是如何组织教学活动的，他们如何选择适合幼儿的教学内容，如何设计教学环节，如何与幼儿交流、对话，这些都需要新手型幼儿园教师不断摸索学习。其二，观察幼儿，了解幼儿。除了实践性知识的欠缺，对幼儿身心发展特点的把握不够也是新手型幼儿园教师在教学中遇到的困难，教学目标的制订、教学内容的选择都离不开教师对幼儿经验的把握。因而，新手型幼儿园教师需要在工作中的每个细节里观察幼儿，认真做好观察记录，促使自己的工作更得心应手。其三，积极把握实践机会。教学实践是将教学理论知识转化为实践知识的最重要、最有效的途径，新手型幼儿园教师要将自己学到的新知识、掌握的新方法在教学实践中大胆尝试与运用，总结相关经验并内化于心，促进自身专业发展与进步。

（二）成熟型幼儿园教师要进行深入学习与反思，探索个人教学特色

成熟型幼儿园教师的教学技能在此阶段已经有了明显提升，他们开始思考

"我怎样能把这个活动实施得更好""我怎样能兼顾到发展水平不同的幼儿""面对教学活动中的突发情况我如何处理会更好"等问题。这一阶段的教师会考虑更加复杂的教学问题，从关注教学的完成度转向关注教学的质量，关注幼儿的多样性与差异性，寻求新的教育技巧，满足不同幼儿的内在需求。此时成熟型幼儿园教师的实践性知识不断增长，组织完成一节教学活动对他们来说并非难事，但由于理论知识尚需补足，他们追求教学质量的过程中很可能出现职业发展中的"高原期"，导致教学水平停滞不前。该时期的幼儿园教师处在专业成长的转折时期，也是一个职业发展的迷茫期，幼儿园教师专业发展热情逐渐下降。因此，采取有效的学习策略，激发幼儿园教师的学习热情，是提升他们专业成长的关键所在。

在这一时期，成熟型幼儿园教师首先要保持对工作的热情，尽管幼儿园教师的工作内容较为单一、重复，但同样需要教师从工作中寻求价值感、自我认同感，在与幼儿的共同进步中追寻教师的价值。其次，成熟型幼儿园教师若想获得教学的发展，就必须对自己的教学经验进行反思。教学反思要求教师能把自己的教育实践上升到理论的层面来思考，只有将实践中反映出的问题上升到理论加以剖析，才能探寻到根源，使教学水平得到提升和拓展。

从成熟型幼儿园教师向专家型幼儿园教师的转变需要经历一个艰难又漫长的过程，这样的转变离不开教师的学习与思考。成熟型幼儿园教师需要进一步实现自我突破，探索更鲜明、更独特的个人教育特色。

（三）专家型幼儿园教师要超越自我，追求教学活动的艺术性

专家型幼儿园教师一般具有 10 年以上的教学经验，此时他们也已形成具有自己个人风格的教学方式，逐渐形成一套相对成熟的教学体系，在这一体系下，教师对教学内容的理解、教学对象的把握及教学问题的处理等方面有自己成熟而稳定的见解。

专家型幼儿园教师已经拥有个人的独特见解，能够根据实际情况把握教育时机，有效地解决教育矛盾，该时期的幼儿园教师个人实践经验丰富，能够灵活地开展教学任务，但是他们的专业知识略显陈旧，已经无法满足当代幼儿的发展需求，需要及时地更新补充，如对专家型幼儿园教师，有计划地进行技术水平培训，使他们掌握一些新的信息技术，能够灵活地运用多媒体展示教学课件，通过生动形象的动画展示，发散幼儿思维，学习有效的信息技术，树立终身学习的理念，促进专家型幼儿园教师的专业成长。由于所处专业的发展阶段不同，幼教对于专业发展的需求有明显的差异性。因此，根据幼儿园教师的实际情况，需要采取有

针对性的措施，加快幼儿园教师专业成长的历程。此外，专家型幼儿园教师要实现自我超越，还需要加强与新手型、成熟型幼儿园教师的交流，在与他们的交流中反思教学，从而促进自身的发展。

幼儿园教师的专业发展是一个动态而持续的过程，幼儿园教师应坚持学习，通过不断的实践交流，逐渐完善自身的综合素质，促进自身的专业成长，保证幼儿学前教育的质量。

第三节 幼儿园教师专业发展的影响因素

影响幼儿园教师专业能力及发展问题的成因也分为内部因素和外部因素，主要在于社会方面影响因素、幼儿园方面影响因素和幼儿园教师自身影响因素三个维度。

一、社会方面影响因素

（一）幼儿园教师的职业定位

在目前基础教育高压力的背景下，无论是业界还是学界，以及社会认知，都将更多的关注点放在了中小学教育上，没有将幼儿园教师视为一项专业性极强的、不可替代的工作。关于幼儿园教师的社会认可问题，民间有一句戏谑话，"家有五斗粮，不当孩子王"。社会对幼儿园教师的职业定位无非就是陪伴幼儿玩耍、保证幼儿日常生活、进行最简单的认知教育，幼儿园教师的耐心比技能重要，可替代性强。不少人认为，幼儿园教师不需要高深的知识和技能，只要有爱心，能唱会跳就可以，没有把幼儿园教师看作一种"专门化的职业"。幼儿园教师工作报酬低，职业声望不高，被视为"高级保姆"。这在无形中阻碍了高学历、高水平人才进入幼教队伍，也不利于营造幼儿园教师专业发展的氛围。

现实中，幼儿园教师属于教师队伍中的边缘群体和弱势群体，缺乏足够的政策支持和制度保障。这种来自全社会对幼儿园教师职业的定位不准确，导致幼儿园教师的社会地位不高，也导致幼儿园教师缺乏积极心态，存在"得过且过"思想，丧失推进自身专业发展的动力。

（二）幼儿园教师的薪资待遇

由于幼儿园不属于义务教育，国家对幼儿教育的投入明显不足。近年来，公办园、集体办园和其他部门办园继续减少，民办幼儿园快速发展。由于政府的财政投入只给了少数的公办幼儿园，而民办幼儿园要自筹资金、自负盈亏。相较于中小学教师，幼儿园教师薪资待遇在教师行业处在较低水平，编制及职称评定制度仍不完善，但工作量和承受的压力都较大，且职业发展道路不明晰，直接影响幼儿园教师从业的积极性，导致幼儿园教师队伍难以吸引和留住高素质的人才，《中华人民共和国教师法》规定的教师的基本权利、待遇无从保障，很难稳定教师队伍，所以幼儿园教师的流动性较大，根本谈不上教师的专业发展。不少学生是被动选择幼儿教育或学前教育专业，这不仅不利于幼儿园教师专业化的均衡发展，更会影响到社会对幼儿园教师行业的认可和尊重程度。

（三）幼儿园教师的职业准入门槛

目前，幼儿园教师行业的从业准入制度的设定仍参差不齐，公立幼儿园已基本实现新进幼儿园教师统一招考，对学历、幼儿教师资格证有严格要求；但民办幼儿园因编制身份、运营成本、招生压力等客观情况，对幼儿园教师的准入门槛设置较低，人员流动性也较大。

在幼儿园教师专业能力提升的机制方面，教育部对职后培训提出了明确的要求和指导性文件，但随着幼儿园数量和幼儿园教师数量的增多，现有的培训资源已无法满足实际需要。

由于幼儿园教师的职业门槛较低，因而幼儿园教师职业危机感不强，专业发展的动力更有所欠缺。

（四）幼儿教育的资源供给

提升幼儿园教师专业发展水平离不开政府的政策支撑和教育资源的支持。政府应该为幼儿教育制定尽可能详细的政策文件，对幼儿教育的教育目标、教育内容等做出详细规定和明确说明。并且，政府应该为幼儿园教师提供具有科学性和规范性的教育资源，包括硬件资源和软件资源。另外，幼儿教育的社会资源也非常稀少，使幼儿园教师无法从社会资源中获得前进的动力。

（五）专业理念的争议

关于幼儿园教师专业能力的研究内容广泛，呈现出百家争鸣的繁荣景象，但也存在一些仍有争议的议题，如重教学还是重保育？重专业还是重示范？重展示还是重反思？这些争议点往往使得幼儿园教师的成长缺乏专业指导与引领，很大程度上影响着幼儿园教师的实践工作，影响着幼儿园教师专业发展的前进步伐。

（六）职业发展的前景

大量民办幼儿园教师的身份是"打工者"，他们职业发展的空间狭小，专业发展并不一定能够使其自身利益和社会地位带来较大改观；同时，在教师资格证的评审和职称评定等方面，缺乏专门的人员和机构对幼儿园教师进行专业的指导，很多幼儿园教师特别是民办幼儿园教师不知道如何去获得教师资格证和评定职称。凡此种种，让幼儿园教师对自身专业发展的前景感到渺茫，即便有心进行专业发展规划，也不知该从何谈起。

二、幼儿园方面影响因素

（一）对幼儿园教师专业发展的重视程度

当前，我国幼儿园办园模式多元化，经营成分日益显现，幼儿园在经济利益的推动下，追求办园经济效益最大化。一些幼儿园的办学者不重视师资队伍的建设，个别办学者不愿聘请优秀教师，甚至尽可能压低教师的工资来获取利润，幼儿园教师专业发展的问题就无从谈起。还有一些幼儿园因为怕教师熟悉了幼儿教育工作，专业技能高而跳槽，因而对教师的培养热情不高；同时，由于资金的问题，由园方出资让教师参加学历提高或继续教育的机会很少。

（二）办园理念的摇摆变化

随着一些幼儿园转制，幼儿园更换了办学者，还有很多幼儿园频繁变换管理层，办学主体和管理主体的变换，往往带来的是办园理念的变化；加之当前幼儿园在教育教学改革过程中存在的教材五花八门、课程摇摆不定等问题，使幼儿园教师无所适从，对自身向何处发展产生迷茫。

（三）园本培训力量

培训活动能解决幼儿园教师因学历不高而造成的专业基础差的问题。培训活动的数量越多，提高幼儿园教师专业发展水平的可能性就越大。但是，培训活动应该是与幼儿园教师的发展需求相一致的，否则会适得其反。许多幼儿园不重视园本培训，园本培训方式过于简单，培训内容缺少实际的可操作性，在这种情况下，即使完成了培训课程，教师在实践中遇到问题仍是无从解决、缺乏指引。更有甚者，很多培训活动的内容与教师实际工作无关，造成时间的浪费。

在幼儿园教师专业发展过程中，常常缺乏专家指导。"专家的职责在于研究和解决一般的、普适性的问题，在于为实践提供一般意义的理论支持。专业人员的指导可以帮助幼儿园教师在遇到困难时找到解决问题的有效方法，起到"四两拨千斤"的作用。幼儿专家具有系统的理论知识、严谨的逻辑思维和善于发现问题的意识，以及极高的科学研究能力，他们对指导幼儿园教师发现问题、解决问题，提升幼儿园教师的科研能力具有举足轻重的作用。缺乏专业人员的指导会使幼儿园教师在遇到问题时感到困惑，无法解决难题实现自我突破，从长远来看不利于提升幼儿园教师的专业素质。

（四）管理体制机制

幼儿园的管理机制对幼儿园教师队伍的建设及幼儿园教师的素质有深远影响。较完善的幼儿园管理机制能够有效促进幼儿园教师素质的提升，加强幼儿园教师师资队伍建设。反之，则会对其造成阻碍。很多幼儿园缺乏一套科学、合理的幼儿园管理制度，未将教师的专业发展水平与工资、福利、聘任、奖励等挂钩。加之一些幼儿园因领导的能力、水平和精力等所限，对教师的考核不够客观、公正、及时，影响到教师工作的积极性，无法使教师的专业得到有效的发展。

三、幼儿园教师自身影响因素

（一）幼儿园教师专业发展信念

对幼儿园教师专业发展而言，最重要的当属教师自身的内在影响因素，而重中之重的，则是幼儿园教师的专业发展信念。

幼儿园教师的教育信念是至关重要的，它决定了教师在教学中的专业发展水平和实际的授课教学行为。拥有坚定信念的幼儿园教师，才能拥有源源不断的专业发展动力，才能发自内心地想要提升自己并通过辛勤努力付诸实践。

当前，一些幼儿园教师对幼儿教育事业信念匮乏，缺乏足够的热情，他们意识不到社会对幼儿园教师的要求越来越高，或者意识到了却宁愿安于现状。这些幼儿园教师没有明确的职业发展规划，随波逐流，对教学缺乏深入的反思和探究，缺乏积极进取的精神，教育教学停留在经验层面上，缺乏自己的理解和观点，从而自根本上阻碍着幼儿园教师专业发展。

（二）幼儿园教师专业素质与知识结构

教师的专业素质与知识结构是一切教学内容的基础，幼儿园教师的专业基础对其专业精神、教学能力、科研能力等有直接影响。现实中，还存在着以下几方面问题。

第一，目前幼儿园教师整体学历水平较低导致幼儿园教师往往不能具备较扎实的专业知识储备。另外，由于课程设置的问题，大专学校和中师学校学前教育专业的课程设置往往比较重视实践技能的训练，很少或几乎不开设科学研究方法课程。由于没有接受过系统的关于科学研究方法的学习和训练，幼儿园教师根本不具备从事科学研究的能力。因此，目前的普遍现状是，幼儿园教师理论知识的储备比专业研究人员少，这在一定程度上制约了专业能力尤其是教研、科研、反思等方面能力的提升。

第二，现行的职后培训体系与学前教育实践不完全适应，职后培训对幼儿园教师培养的重要作用仍未充分发挥出来，大部分幼儿园教师并未将寻求专业能力发展内化成一种自觉的行为。

第三，由于教学对象年龄幼小，教育工作和保育工作往往紧密结合，无法分割，这在一定程度上造成幼儿园教师自我角色认知的混乱，幼儿园教师亦"家长"、亦"老师"、亦"保育员"的多维度专业要求影响了幼儿园教师的专业认知和专业素质的提升。

因此，幼儿园教师需要进一步提升专业素质、扩充知识结构，切实提高教育的理论与实践的具体结合水平，不断增强获取专业知识的积极性和主动性。

（三）幼儿园教师专业发展自主意识

自我发展内驱力能有效地激发教师的行为，以满足教师的内部发展需求。幼儿园教师的专业发展自主意识与其是否能积极热情地投入工作密切相关，也是保证幼儿园高质量的幼儿教育的前提。

尽管幼儿园教师都有一定的专业意识和自主意识，希望能扮演好自己的社会角色，但是目前幼儿园教师仍普遍存有一种畏难心理，即科研工作过于"高大上"，对教学教案、总结、感想、反馈等各种文字材料的撰写比较排斥，希望依靠教育管理部门或学界提供可完全复制的操作路径。另有小部分幼儿园教师对自身职业定位较低，仅以确保幼儿安全健康，以完成每日基本任务为工作要求，对自身专业能力发展没有诉求。

另一方面，教师较低的课程开发和应用的积极性是与教师的主体地位得不到体现密切相关的。许多幼儿园教师的教学课程或教学构想大都来自幼儿园领导，教师自身则处于较为被动的局面。在幼儿园教学中，园长主要负责教学的设定或者是有关课程的开发计划，多数教师并未参与其中。

专业化是一种发现问题、思考问题、解决问题的主动过程，需要幼儿园教师对自身职业的强烈认同与自我追求，关于幼儿园教师职业素养和职业理想的职前教育和职后培训亟待加强，幼儿园教师的主体地位也需要进一步确立。

（四）幼儿园教师自身的时间精力

幼儿园教师往往工作繁多，他们要全面负责整个班级所有幼儿的教育教学工作，每天从早到晚从事教学工作和处理各种班务，缺少自由支配的时间和空间，同时还有大量的文案工作需要完成，如撰写幼儿观察记录、填写幼儿成长档案、撰写计划总结等。加之幼儿园教师还要教养自己的子女、处理自己的家庭事务。工作和家务的重担往往会挤占幼儿园教师大量的时间和精力，造成教师身心疲惫，因而无心无力顾及专业发展。

第四章 幼儿园教师专业发展规划

幼儿园教师专业发展规划是对教师专业发展的各个方面和各个阶段进行较全面长远发展的设想和计划，是教师基于自身成长和工作实践，对未来整体性、长期性、基本性问题的综合分析与思考。本章主要论述了幼儿园教师专业发展规划的意义、幼儿园教师专业发展规划的实施和幼儿园教师专业发展规划的技术指导三个方面，以期提高幼儿园教师专业发展规划方案编制与实践能力。

第一节 幼儿园教师专业发展规划的意义

随着幼儿教育事业改革与发展的不断深入，对幼儿园教师的能力结构和素质要求也日益提高，这就需要教师能够对自身专业发展进行合理规划。教师的专业发展情况，决定教师的生命质量和教育质量。因此，应该充分重视专业发展规划对幼儿园教师专业发展与成长具有的重要意义。

一、幼儿园教师专业发展规划的内涵

理解幼儿园教师专业发展的内涵与价值是制订专业发展规划必不可少的前提。教师专业发展规划源于职业生涯规划，管理学将职业生涯规划解释为一个过程，即员工根据对自身主观因素和客观环境的分析，确定自己的职业生涯发展目标，选择实现目标所制订的工作、培训和教育计划，并按照一定的时间安排，采取必要的行动实施"职业生涯目标"

与笼统的生涯规划不同的是，教师作为一种具体的职业类型，其专业发展规划有着特殊的内涵，即教师本身是专业发展的主体，制订幼儿园教师个人有针对性的、有效的专业发展规划方案其实就是教师专业成长、发展的过程。因此，幼儿园教师专业发展规划是指幼儿园教师根据自身特点和个人职业发展情况，在预测、分析的基础上，结合幼儿园发展需要，分析环境因素，确定发展目标，制订

能够促进自身可持续发展的行之有效的管理计划和安排,在不断反馈、更新、演进和丰富的过程中,最终实现自身专业发展,达到既定目标的过程。

幼儿园教师专业发展规划是教师基于目标的自我管理,是从他律转化为自律的发展过程,是自我导向、自我驱动、自我调控的结果,具有促进教师个人专业发展的作用。幼儿园教师个人专业发展必须经过学习、思考、感悟、实践等阶段,只有通过科学规划,才能有效地实现个人专业发展。

二、幼儿园教师专业发展规划的价值意义

发展教育事业,教师责任重大。作为幼儿园教师,面对飞速发展的社会、日新月异的教育需求,如果想要得到社会认同与职业尊重,谋求个人专业长远发展,必须保持职业敏感性和反思探索精神,着力关注教师自身的"全程发展"与"内涵发展"。幼儿园教师个人专业的成长、职业的发展离不开合理有效的规划。制订幼儿园教师专业发展规划方案的价值意义,可以从以下层面来阐释。

从宏观角度来看,制订幼儿园教师专业发展规划是满足提升园所教师队伍专业性、综合素质以及服务质量的需要,更是满足推动教师职业群体不断走向成熟及专业化,优化学前教育专业发展水平的需要,是现代社会发展的必然要求,是现代教育的重要标志,是构建人类教育发展命运共同体的需要。

从微观角度来看,科学合理地制订个人的专业发展规划是幼儿园教师重要的实践能力之一,是教师对自己、幼儿、园所、家长、社会负责任的重要体现,在自我发展的同时让幼儿在教师专业发展中受益,是教师职业生涯中实现个人价值,获得原动力、成就感、幸福感的重要源泉。主动制订有效的幼儿园教师专业发展规划,不断地学习、更新和完善自己,做一名专业素养可持续发展的幼儿园教师,不仅是个人自身发展的需要,也能逐渐实现专业效能感和幸福感,也会让幼儿在教师专业发展中不断受益。

具体来说,制订幼儿园教师专业发展规划的意义价值主要体现在三个方面。

(一)实现幼儿园教师职业价值的需要

虽然幼儿园工作相对其他工作而言较为烦琐,工作强度较大,但学前教育面对的是学前儿童,面对的是人的生命成长的最初关键期,作为幼儿园教师应该看到学前教育在人的一生的发展过程中的重要性,要意识到作为幼儿园教师的责任与担当,主动通过多种途径获得专业发展。

许多教师对自我成长规划的重视程度不够,缺乏自我规划的主动意识,总觉

得已经有了一定的专业知识，就不需要进行自我发展规划，长此以往，在重复的工作中逐渐进入安于现状的舒适期，在稳定安逸的工作环境中思想日益固化，不愿意反思改进、不想思考尝试、不敢突破创新，更不愿意通过努力提升自己，进而失去了发展的意愿和动机。有些教师甚至出现了职业倦怠，理想与现实间的矛盾使他们产生了强烈的失落感，他们抱怨职业、吐槽社会地位低、得不到尊重，对自己的职业发展方向不明确，只把每天上课、下课当成一日目标，安于现状、等待退休。究其原因，往往是教师对自己的职业生涯及个人专业发展缺乏合理的规划设计。

虽然部分幼儿园引导幼儿园教师制订专业发展规划，但是教师也对此没有更为深刻的认识，没有意识到专业发展规划对个人未来成长的意义。在这种情况下，幼儿园教师往往只是机械地执行幼儿园对制订规划的要求，甚至把制订规划当成自己的一项负担，无法发挥其真实效用。

幼儿园教师专业发展规划是实现理想、走好教师职业生涯的第一步，也贯穿着人生发展的每个阶段。制订合理有效的幼儿园教师专业发展规划方案就显得尤为重要，它是教师不断开发自我潜能、建立职业自信、增强职业道德、强化专业技能、提高教育教学水平的关键，是教师获得职业尊重、实现人生价值的必要条件。幼儿园教师专业发展规划可以为自身专业发展指明方向。幼儿园教师在岗位实践过程中不断发现自身不足，然后结合自身不足做出合理规划，不断地解决问题，逐渐从新手型教师成长为成熟型教师、专家型教师。另外，幼儿园教师作为教师队伍重要组成部分，自身专业成长过程中积极向上的进取精神势必会带动他人和整个教师队伍的不断成长，从而形成良好的教师专业发展规划。

只有努力夯实自身专业基础，用科学的幼教理论武装头脑，用专业的行为科学影响幼儿，体现幼儿园教师的专业性和不可替代性，让社会、家长看到幼儿实实在在的发展，给予幼儿更加专业的教育与陪伴，才能使幼儿园教师成为受人尊敬的、具有较高社会地位的职业，获得更多的职业感和幸福感。

（二）幼儿园教师自身专业发展的需要

当被问起自身从业过程和工作经历时，大部分幼儿园教师都能清楚地进行讲述；但如果被问起当前自身正处于何种专业发展阶段，他们却很难表述明确。幼儿园教师对自身整体发展过程缺乏理性分析、缺少主动反思，对自己所处的专业发展阶段也没有明确定位，难以预期自己未来发展方向和发展速度，难以确定可实现的目标，这些都阻碍了幼儿园教师的专业发展进程。

幼儿园教师在"育人"的同时，也在不断地"育己"。促进幼儿发展不可忽视教师自身的专业发展。规划自己的专业发展是教师实现提升和专业发展的重要策略，合适、有效的教师个人专业发展规划方案是促进教师个人专业发展的核心要素，可以加强教师专业化水平，也有利于提升教师的教育专业地位，实现个人的职业价值。当教师能够对自己的学习进行自我引导、自我监控时，教师的学习和发展成效最高。换句话说，具备较高的学习品质和终身学习意识、明确发展目标、保有持续增长力、能够形成行为自觉性的幼儿园教师，自身专业发展较为迅速，在未来更容易成长为综合实力和竞争力较强的教师。

（三）幼儿园教师个人与幼儿园共同发展的需要

幼儿园教师永远是幼儿园发展的第一生产力，保障幼儿园发展的根本是提高幼儿园教师队伍素质与幼儿园教师专业发展水平。幼儿园教师个人的专业发展直接影响幼儿园的品质和教学质量以及幼儿园可持续发展的水平，幼儿园教师个人专业发展与幼儿园发展是相互促进、协同发展的共同体。通过有针对性地对幼儿园教师进行专业成长上的引领与扶持，帮助其理清专业发展思路，确立可预期、可持续的阶段性成长目标，并为其在规划的实施、推进、成长过程中提供必要的物质和精神支持，让幼儿园教师感到这个愿景有实现的可能和希望。只有看到个人专业发展的美好愿景，才能不断地、有效地唤起幼儿园教师的进取意识与创新精神，促使幼儿园教师在努力提升专业水平的同时，形成和完善个人的魅力，获得成功的体验、精神的激励、心理的愉悦，一步步把规划变成现实，走好专业成长之路，体味教育者独有的幸福。

从目前我国学前教育的发展来看，幼儿园教师队伍建设是一个关键要素。我国民办幼儿园数量多，公办幼儿园数量较少，在编幼儿园教师比例偏低，幼儿园教师队伍因为工作强度、工资待遇、幼儿园管理和专业认同等因素的影响流动性大，呈现出不稳定性趋势。美国心理学家马斯洛的需要层次理论指出，人的需要从低到高分为五个层次，分别是生存需要、安全需要、情感需要、自尊需要、自我实现需要。对幼儿园教师来讲有满足各个层次的需要，有需要就能激发其进行专业发展规划和实施的动机。幼儿园教师作为一个个体，他们渴望在自己的专业领域得到发展和提升，提高社会地位，体验到职业幸福，实现自我人生价值。因此，幼儿园教师需要积极主动对自身专业发展进行合理规划，加强自身的职业道德修养，丰富自身的理论知识，提升自身的专业能力。

幼儿园发展规划的重要任务就是引领教师专业成长，促进教师进行良性专业发展规划；而教师自我专业发展规划则要紧紧围绕幼儿园发展规划，确立共同愿景，努力实现二者的和谐发展，使幼儿园与教师的发展规划融为一体。幼儿园应以教师队伍建设为出发点，以教师个人的专业成长为切入点，以教师获得职业尊重为落脚点，创造条件、搭建平台、建立有效机制，促进教师进行良性规划。教师应以幼儿园发展规划为蓝本，以有效促进幼儿园的可持续发展为目标，以提高幼儿园教育教学质量为内涵，营造教师队伍凝聚力，共同创造团体教育信仰，赢得社会信誉，增强职业成就感。因此，幼儿园教师专业发展规划是幼儿园提升品质、快速发展的助推力，是幼儿园建设发展的支柱，是构成幼儿园可持续发展必不可少的重要因素。

（四）保障幼儿健康发展的需要

幼儿园教育具有启蒙性和全面性的特点，幼儿园教师对幼儿的影响也是全面的、终身的。幼儿园教师应该关心、爱护、尊重幼儿，保护幼儿好奇心，给予积极的鼓励和引导，因材施教，这样才能促进幼儿健康发展。要实施科学的幼儿教育，幼儿园教师就必须掌握幼儿的发展特点及教育规律，了解幼儿教育相关的政策、法规和新时代背景下幼儿教育发展的趋势及对教师提出的新要求。教师将这些先进的幼儿教育理念运用到幼儿园岗位实践过程中，直接的受益者是幼儿。因此，幼儿园教师对自身的专业发展进行合理的规划，有利于提高幼儿园教师队伍的整体素质，从根本上促进幼儿的全面和谐发展，为幼儿终身教育打好基础，从而为培养德、智、体、美、劳全面和谐发展的人才服务。

（五）服务于我国民生事业的需要

"全面二孩"政策实施后，幼儿入园问题受到社会广泛关注，广大家长更青睐于高质量的幼儿园。学前教育是关系民生的大事，牵动民心。家长不仅重视孩子能"入园"问题，更重视"入好园"的问题。高质量的学前教育成为广大幼儿家长的期盼，而要建设高质量的幼儿园，幼儿园教师队伍建设是关键。《中国教育现代化2035》中明确提出"建成服务全民终身学习的现代教育体系、普及有质量的学前教育""建设高素质专业化创新型教师队伍培养高素质教师队伍"。由此可见，高质量的幼儿园教师队伍是学前教育事业积极健康发展的基础和保障。在深化学前教育改革的大背景下，建设一支稳定、高质量的幼儿园教师队伍是学前教育发展的根本。幼儿园教师是保教活动具体实施者，其儿童观、教育观、教师观直接影响着教师的保教行为。幼儿园教师正确合理地规划自身的专业发展，教师素质就能得到提升，就能将先进的学前教育理念转化为教育实践，从根本上真正地促进儿童的发展，从而有效地提升学前教育质量。

第二节 幼儿园教师专业发展规划的实施

在制订专业发展规划时，很多幼儿园教师只将其简单理解为工作计划，制订出的目标规划既缺乏系统性，也没有具体实施路径，往往导致规划"形同虚设"，不能通过行之有效的方式、步骤加以落实。在这种情况下，幼儿园教师非但无法完成自己设定的目标，甚至可能离目标越来越远。

从广义上来讲，幼儿园教师专业发展规划的实施包括制订和落实两部分，幼儿园教师不仅要制订出科学的、符合自身实际需求的专业发展规划，还要在实践中对其予以落实。

一、幼儿园教师专业发展规划的制订

幼儿园教师专业发展规划实施的前提是制订出完整的、科学的、可实践的规划。专业发展规划既是过程，也是结果，幼儿园教师专业发展规划涵盖的内容、所涉及的专业领域是广泛的、多元的。

幼儿园教师专业发展规划方案是幼儿园教师在根据自身特点对个人职业发展进行预测、分析的基础上，结合幼儿园发展需要，分析环境因素，确定发展目标，制订的能够促进自身可持续发展的行之有效的管理计划和安排。幼儿园教师在不断反馈、更新、演进和丰富规划方案的过程中，最终实现自身专业发展，达成既定目标。

幼儿园教师专业发展规划也可以看成教师自主研修的过程，是一种非常重要、非常有效的专业发展方式。因此，制订一份切实可行的幼儿园教师专业发展规划方案，有助于教师增强专业发展的目的性与计划性，有利于教师发掘自身潜能，增强个人实力，获得优势竞争力。

（一）幼儿园教师专业发展规划类型划分

幼儿园教师专业发展规划类型一般可以分为两个维度：整体规划和单项规划、中长期规划和短期规划。教师可以根据自身的认知经验、所处的发展阶段、对专业发展的需求和目标方向的选择等制订规划方案。

1. 整体规划和单项规划

整体规划就是对自身专业发展方向做出一个整体设计的规划。整体规划体现了纵横交错的全局性，涵盖了与幼儿园教师个人相交织的很多内容，通常涉及专业发展的方方面面。如在入职初期，幼儿园教师刚刚熟悉职业岗位，可以结合自己对专业发展阶段的认知和分析，从专业知识、专业技能、专业情感、专业发展意识等方面做出整体的规划设计，帮助自己突破专业发展的瓶颈，全面提升专业素养。

单项规划就是涉及专业发展的某一方面的规划。也可以是对于某个特定的幼儿园教师，或者在专业发展的某个特定阶段、某个特定时期，幼儿园教师为满足特定的专业发展需求、实现目标而制订的一种规划。例如，某教师承担了教研组长的角色，要负责教研组的组织与管理活动，而在这方面缺乏相应的基础知识技能，那么该教师就可以制订一个关于教研组长工作素养专业发展方面的规划等。

2. 中长期规划和短期规划

中长期规划就是对自己一年以上的专业发展方向，或从现在到今后职业终结的整个职业生涯的专业发展过程进行规划。

短期规划就是为实现长远目标中的阶段目标或近期目标而设计的规划。短期规划是一年或一年以内的规划，具体的规划周期取决于制订的目标和规划的长远程度。

（二）幼儿园教师专业发展规划的核心要素

幼儿园教师专业发展规划是教师结合自身教育背景和实际，在考量当下幼儿园所处的环境和现状的基础上，为自己的专业发展所设计的一个独特的、体现个性的个人发展规划方案。专业发展规划方案是对自身进行的全面的评估与判断，教师要根据分析的结果客观地制订。一份较为完整的幼儿园教师专业发展规划方案的核心要素通常包括"现状分析—发展目标—实施途径"三个部分。

1. 现状分析

幼儿园教师要明确自身的特点与所处的环境，现状分析是整个发展规划的基础组成部分，条件分析是幼儿园教师专业发展规划方案的基础组成部分。进行有效的个人现状分析与评估是制订专业发展规划方案的前提与保障，更是制订专业发展规划方案的首要问题。

2. 发展目标

幼儿园教师专业发展规划之所以能成为教师专业发展的重要策略，除自我评估和环境分析外，最为重要的内容就是目标。目标能够为专业发展提供有效的引领，在整个规划中起到"导航"的作用，有助于保证专业发展方向的"锚定"。个人发展目标是幼儿园教师制订个人发展规划最重要的核心组成部分。

3. 实施途径

实施途径指幼儿园教师所采取的具体行动措施，涵盖了落实规划、推进执行的方法与策略。实施途径是有效达成个人发展规划目标、落实整个规划方案的行动保障，是衡量规划的重要指标，是实现幼儿园教师个人专业发展的核心路径。实施途径直接或间接地影响整个发展规划方案的质量和教师个人的发展。实施途径的确立有利于幼儿园教师反思规划中未考虑到的、设计不合理的环节，关系着职业发展目标的实现，制约着幼儿园教师个人专业发展规划方案的落实，同时影响着幼儿园教师新一轮专业发展规划方案制订的科学合理性。

幼儿园教师通过深入地分析思考这三个基本要素，明确"我是谁""我想干什么""我怎样做"，这能帮助教师充分、全面地认识自己，明确自身的发展阶段和所追求的目标。通过不断地反思、调整，找到最有效、最适合、最快捷的发展途径，实现最终的个人专业发展需求。

（三）幼儿园教师专业发展规划的制订

幼儿园教师专业发展规划的制订应在转化学习理论的指导下，幼儿园和政府分工合作，积极引导幼儿园教师整合内外各种因素资源来编制。幼儿园教师结合日常保教活动，进行自我反思、自我剖析，根据自身的优势和不足及所处的发展阶段，分析所处的工作环境，制订"渐进式"的发展规划目标，并分阶段设计实施策略，不断地反思、调整、总结，从而在专业上得到发展。具体如图 4-2-1 所示。

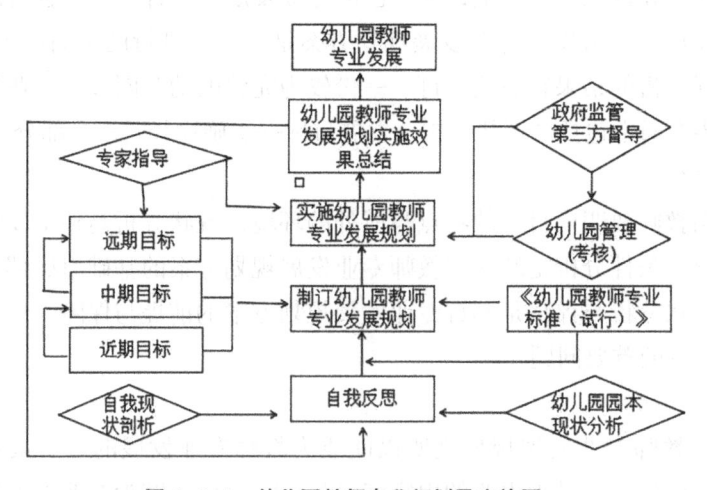

图 4-2-1 幼儿园教师专业规划及实施图

1. 对照幼儿教育相关制度规范进行自我反思

在幼儿教育岗位实践中，幼儿园教师通过反思可以认识自己的思想和行为出现的偏差，从而不断地提升自己的业务素质和专业素养。幼儿园教师要在反思的过程中找出优势，分析自己在幼儿园保教过程中存在的问题，并思考存在问题的原因，在实施保教活动时加以改进，从而促进自身可持续发展。此外，还要分析国家的大的发展环境和自己所处的幼儿园环境，通过反思，寻找专业发展契机。

2. 结合园本特色，设定分层分类发展目标和内容

目标是幼儿园教师专业发展规划的出发点和归属，须在反思的基础上，明确目标。目标的设定要结合教师自身情况和幼儿园实际情况进行分层考虑，如依据教师入园年限，可以分为新进教师、3—5年教龄教师、5年以上教龄教师；再如依据教师专业化发展阶段，可以将教师分为新手型教师、成熟型教师、专家型教师。做好分层分类后，教师可考虑并对照国家对不同类型教师的要求，将自己的专业发展做总体规划，制订专业发展目标。幼儿园教师专业发展规划的目标设定既要包括一年之内的近期目标如月目标、季目标、年度目标，又要包含3—5年的中期目标，还应包含5年以上的远期目标。在制订发展规划目标和内容的时候，幼儿园教师既要考虑自身的特点，又要结合幼儿园园本情况进行合理规划。

3. 激励加评价，建立多维度多元评价机制

反思评价规划方案是管理、调整、完善幼儿园教师发展规划的必要阶段。幼儿园教师的专业发展规划的制订过程不是静态的，而是动态的；规专业发展划中不仅要有理论思考，也要具有实践性；专业发展规划不仅是阶段性的任务，也伴随着职业生涯的全过程。幼儿园教师要制订好专业发展规划方案，不仅要具有规划方案的意识和行动力，掌握制订规划方案的方法，而且要能够及时、定期反思和调整规划，核查规划方案是否合理，编写是否规范，能否恰当自我分析，操作性是否够强，能否起到应有的作用和效果。

幼儿园及政府部门须制定相关的评价标准，待幼儿园教师专业发展规划制订好后，在实施之前须对其进行评价，确认规划是否合理。过高的目标设定等于"空中楼阁"，过低的目标设定缺乏足够的专业发展动力。幼儿园可请专家对教师专业发展规划进行评估。评价内容可包括幼儿园教师自我认识评价、幼儿园环境影响评价、幼儿园教师专业发展规划的目标和内容的设定评价。

二、幼儿园教师专业发展规划的落实

通过制订专业发展规划，幼儿园教师能够不断提高专业素质，在反思自身专业发展不足的过程中，找到近期发展的方向和目标。规划方案制订之后，还要通过组织实施、调整修正和反思评价，提高教师自我发现、自我导向、自我调控的能力。在各阶段规划逐步实现与递进的过程中，教师会成长为一名能够主动对自我有所设计，并有所追求、有所成就的教育者。职业生涯是专业化的过程，也是成长的过程、发展的过程，规划方案的落实，能让教师的职业生涯更加丰富多彩。

规划方案的组织实施策略需要幼儿园教师、幼儿园及教育行政部门多方共同努力实现。幼儿园教师自身具有的实施能力是最重要的因素，但不能仅仅将其看作教师个人的事情，幼儿园和教育行政部门也应担负起组织与引领的责任，科学规划、悉心指导、积极推进、全力保障，促进幼儿园教师职业化发展，实现园所可持续发展，进而促进幼儿全面发展，打造推动教育事业发展的共同体。

在实施过程中，以下各方应尽到各自的职责。

（一）教育行政部门

教育行政部门要立足本职工作，充分发挥职能，高度重视幼儿园教师在职专业发展，起到组织、指引的作用，帮助幼儿园教师不断提升自身专业素养，逐步实现专业发展规划中制订的目标。

1. 加大对幼儿园教师的培训力度

当前，并非所有幼儿园教师都有接受培训的机会，幼儿园接受园外培训的教师大多是比较优秀的教师，且大多数情况下，私立幼儿园比公立幼儿园培训学习的机会更少。因此，教育行政部门需要加大培训力度，让更多的幼儿园教师参与职后的培训学习，全面、均衡地促进幼儿园教师专业发展，助推他们落实自身发展规划。

2. 保障幼儿园教师学习的实效性

从当前的幼儿园教师培训角度来看，培训形式有听专家讲座报告、去幼儿园参观环境看课，看得多、听得多、思考得少，实效性、系统性、深入性不够。幼儿园教师培训部门应该从实际问题出发，结合幼儿园的实际工作需要，结合幼儿园教师普遍存在的、急需解决的问题入手，有针对性地对幼儿园教师进行培训、指导。在培训后需要通过一定的培训后期管理、评价制度来了解教师参与培训后的变化和提升，并实施持续的跟踪和指导，切实加强培训的实效性，保证教师能够将培训内容转化入心，助推他们实施自身的专业发展规划。

3. 构建专业团队，提供专业引领

幼儿园教师专业发展能够持续进行且更有内涵，教师不断地获得新思想和新理念，离不开各方面的有效支持，特别是上级部门的支持，专家的指导和帮助能为幼儿园教师的成长提供保障。因此，教育行政部门应当充分发挥指引作用、组织作用，提供一个"支持引领"的专业群体，组建一个"同伴互助"的学习团队，创建一个"学习锻炼"的成长平台，构建一个幼儿园教师专业发展"智库"，运用科学的方法对幼儿园教师专业发展规划进行督导、带动，将团队资源最大化地给予教师，可为其个人发展提供有力支持，为幼儿园教师专业发展规划从制订到落实提供有效帮助和引领。

4. 加强幼儿园教育质量督导

2012 年国务院的《国务院关于加强教师队伍建设的意见》中指出，要把教师队伍建设情况作为各地区各有关部门政绩考核、各级各类学校办学水平评估的重要内容，作为评优评先表彰奖励的重要依据。强调有关部门和学校要建立以教师队伍建设情况作为重要内容的督导检查制度，定期督导并公布结果。2015 教育部颁发年的《教育部关于深入推进教育管办评分离 促进政府职能转变的若干意见》中提出："强化国家教育督导，加强各级教育督导工作力量，健全管理制度"。2016 年印发的《督学管理暂行办法》的通知中提出："要建立一支高水平、专业化的督学队伍"。

教育部门要指导幼儿园编制《幼儿园教师专业发展规划实施评价方案》及实施细则，在本区域范围内建立督导制度，落实督导责任，引入第三方督导。第三方督导可以是有丰富经验的专业督导机构，也可以是本领域内知名专家，这样就能更客观和更专业地审视教师专业发展规划的实施过程，反馈实施过程中的问题，并提出相应的改进意见。

教育部门还要建立以政府、教委、学校为一体的推进素质教育综合督导评价制度。现有幼儿园教育质量督导存在以检查为主，缺少对教师专业发展的引领和指导等问题。督导主要针对文件材料、硬件设施、幼儿健康等硬性指标、幼儿园管理过程记录等可量化的领域校对，只要幼儿园秩序基本硬件到位、无重大事故、财务问题，一般能通过督导检查。很少会有因为教学问题而不能通过的情况。由此可见，在教师的专业发展方面，督导工作有待进一步落细落实，其督促作用有待进一步发挥。

（二）幼儿园

幼儿园要发展，就要树立可持续的发展理念，认识到教师的发展和幼儿园的发展是命运共同体。幼儿园教师专业发展规划的制订和实施不仅仅是教师个人的行为，更是幼儿园和教师共同的责任。幼儿园要长久发展既要"用人"也要"育人"，为自己的教师创造发展的机会和条件。践行教师的专业发展规划不仅是幼儿园教师自己的事，更是幼儿园管理的重要内容。幼儿园在促进园所发展、促进幼儿发展的同时，也要促进教师的专业化发展。幼儿园要重视教师的专业成长，将专业成长和教师工作业绩看得同等重要。

1. 搭建成长平台，丰富培育形式

幼儿园要充分发挥服务的功能，积极为教师发展搭建多元成长的平台，提供有效的技术支持。可以邀请专家、领导和同行给予指导，借助"沙龙论坛"、研讨教研会议等多层次、多角度、丰富多彩的培训形式，为教师的发展提供机会，拓宽幼儿园教师教育视野和知识视野，转变其教育观念，助力幼儿园教师个人专业发展目标的实现，为幼儿园教师的成长铺平道路。

2. 构建优质的幼儿园教师学习环境

宽松、自由、民主的幼儿园文化能促进幼儿园教师的专业发展。幼儿园要积极构建教师学习的环境，保障教学学习环境的优质性。特别是园长要发挥引领作用，着力改善幼儿园教学环境，构建友好、团结的氛围，使教师能够感受到幼儿园良好的学习氛围，从而在实施专业发展规划的过程中更好地提高效率、保障质量。

3. 注重幼儿园教师专业的个性化发展

如上所述，幼儿园教师专业发展规划不是统一的，而是根据幼儿园教师自身所处的发展阶段、自身发展需求编制而成的，因而在实施过程中，要更加注重幼儿园教师个性化发展，有针对性地加以落实。幼儿园要根据不同科目、不同阶段中教师之间的差异，落实个性化的专业发展，每周组织教学研讨会，发现教师专业发展中的不同需求，有计划地安排教师在专业上的学习，必要时还可以组织不同层级的教师到具有相关典型经验的地区、园所考察、学习，一方面通过教师吸纳外部优质的教学资源，另一方面也有针对性地促进教师专业个性化发展，真正将幼儿园教师专业发展规划落到实处，切实提高幼儿园教师的专业水平。

互研、互导、互助也是幼儿园教师专业发展的有效策略，在有针对性的专业指导中，课题专家可以更好地了解、分析幼儿园教师的成长经历、教育专长及教育风格，判断教师的教育素养。在提供指导时，要避免指导过于统一化，尽量使每一位幼儿园教师都能扬长避短、聚合优势，在原有的水平上得到新发展，帮助幼儿园教师形成有个人特色的发展方向，助力幼儿园教师的特色专业发展。

4. 创建多元评价方式

创建可促进幼儿园教师发展的多元评价方式也是必不可少的。幼儿园要制定激励政策为专业发展规划提供保障，促进幼儿园教师完成个人的专业发展规划。在专业发展规划上安排专人组织和评价管理，建立幼儿园教师个人发展规划信息库，制定对应的考核激励制度，对完成得好的教师给予相应的奖励，并请其分享交流经验，帮助教师在自我评析、指导互评中提升专业能力，帮助教师及时梳理和小结。这样做既可以真实地发现教师在专业发展过程中存在的问题，又可以有效地帮助教师总结提炼来自教育实践的有价值的经验，将专业发展规划落到实处，从而使发展规划更具价值。建立科学有效的奖励机制，让教师制订在专业发展规划过程中的热情被充分激发、充分调动，使其能积极参与。

（三）幼儿园教师

1. 唤醒专业发展的自觉性

幼儿园教师个人专业成长的根本动力来自幼儿园教师的主观自觉意识，制订与实施专业发展规划应该是幼儿园教师自发的、真诚的、内源性的要求。当幼儿园教师真正认识到践行专业发展规划最大的受益者是其本人的时候，实施发展规划的行为才会是主动的、积极的、有效的。

幼儿园教师要不断地促进自我意识的觉醒，唤醒自身对职业的认识、感受，触发其内在驱动力，使自己通过教育教学的实践不断思考和感悟，自觉追求自我专业发展，形成自我专业特色。

2. 呈现幼儿园教师专业发展的过程性

在规划方案实施的过程中，幼儿园教师需要做的一项重要工作就是记录自己的专业发展过程：建立自己的专业发展档案是记录专业发展过程的一种有效手段。幼儿园教师通过对专业发展档案中收集的个人专业发展规划方案、落实专业发展实际过程的记录、所取得的与专业发展目标相关的成就证据等材料进行反思与评价，为评估、改进自己的工作不断提供理性的支持。此时，幼儿园教师专业发展档案不再只是记录其专业发展过程的工具，更成为一种评价幼儿园教师专业发展的重要手段。幼儿园教师结合专业发展档案中积累的资料，针对专业发展规划方案中的每一部分内容进行逐一的、全面的观察、自省和逻辑分析，对个人专业发展目标及策略进行反思调整，检验整体规划的一致性，及时发现问题并总结经验，能够指导其更加科学、有效地把控发展规划方案的实施脉络与质量。

3. 持续反思，切实调整改进

教师的成长与专业发展，离不开反思与调整。幼儿园教师个人专业发展过程本身就是一个持续反思的过程、一个动态的螺旋上升的过程。专业发展规划仅仅是一个发展的预设，而反思调整是专业发展规划执行时对幼儿园教师及时的评价与修正，是对规划可行性的检核与验证，任何人的规划都需要通过实践的检验方能看出具体的效果。

一份有效的专业规划方案，必须是以幼儿园教师对自己专业发展状况的深入反思为基础的，专业发展应是有设想、有践行、有反馈、有总结、有调整的循环往复的螺旋发展的行动过程；是教师对个人专业发展轨迹的合理性、可行性进行再认识、再思考、再审视、再批判的过程。因此，持续调整是必不可少的，调整应在行动研究过程中持续不断地进行，使研究在不断修正的过程中逐步完善，最终达到预期的目标。

4. 自我突破，不断努力学习

想要真正实施自身的专业发展规划，达成制订的规划目标，幼儿园教师就要做到"在学中干、在干中学"，不断提升自己专业知识、专业能力，实现自我突破。具体可从以下方面展开落实。

①主动阅读专业书籍或浏览相关学前教育网站如中国学前教育研究会、中国学前教育网等相关网站，了解学前教育的发展动态，丰富自己的专业知识结构，提升自身的能力。幼儿园教师可以主动和专业领域专家沟通交流，请其为自己"量身"列出书目，不断提升自己。

②主动参加各级各类教师教育培训，逐渐提升自己的专业发展水平。比如，"园本教研""国培计划"等，聆听专家引领。

③申请到优质的幼儿园进行"驻园"研习，安排优秀的幼儿园教师当导师，利用优秀教师的"传、帮、带"作用，学习丰富的岗位实践经验，如一日生活的组织、幼儿游戏活动的组织、幼儿的观察与分析及与家长的沟通技巧等，提高幼儿园教师的岗位能力，回园后，幼儿园教师可以分享自己在优质园的所见、所闻、所想，带动其他教师成长。

总之，幼儿园教师要增强对专业发展规划方案进行反思的自觉性。根据自身专业发展的需求进行科学有效的规划，根据教育发展状况进行及时的动态调整，以发展和务实的眼光正确对待自己编制的教师专业发展规划方案中存在的问题，认真分析原因，寻找解决策略，充分发挥专业发展规划方案的导向、监控与评价作用，使规划达到对教师而言"有用""想用""能用"的效果。

第三节　幼儿园教师专业发展规划的技术指导

幼儿园教师的专业成长是一个漫长而复杂的过程，不可避免地会出现这样或那样的问题。幼儿园教师在制订专业发展规划方案时也会遇到各种问题，我们需要帮助幼儿园教师走出困境、克服障碍，更好地实现专业发展。

在此，我们对制订幼儿园教师专业发展规划的基本原则进行了进一步明确，结合条件分析、发展目标和实施策略等要素，将编写案例时常见的问题进行分析、给予具体指导，旨在帮助幼儿园教师从专业的角度制订规范的发展规划方案。

一、制订幼儿园教师发展规划的总体指导

幼儿园教师作为一种具体的职业类型，其专业发展规划有着特殊的含义。它是一个持续、系统的过程，是幼儿园教师在专业生涯中，其内在专业技能、专业自我和专业精神不断更新、演进和完善的持续性过程。制订幼儿园教师专业发展规划既是一种状态，又是一个不断深化的过程；既是教师接受教育的过程，又是教师职业成熟的标志。教师在制订发展规划时首先应找准自己发展的切入点和成长点，充分考虑自身内在因素和外在环境影响，扬长避短，理论与实践相结合，有针对性地制订幼儿园教师专业发展规划方案，只有这样才能保障自己的专业能力不断上升发展，并逐渐形成自己的教学特色。幼儿园教师在制订专业发展规划时，应当注意以下原则。

（1）可操作性原则

幼儿园教师专业发展规划方案必须是根据自身特点及专业发展需要制订的切实可行的规划。幼儿园教师专业发展规划方案应镶嵌于教师的日常专业实践之中，切合自身的实际发展水平，符合幼儿园教师专业发展的特点和规律，通过自身的努力是可以实现的，让个人专业发展更具方向性和目标性。

（2）自觉性原则

如果只制定出幼儿园教师专业发展规划方案，而不实践、不落实，终将是"纸上谈兵"，空洞无用。在幼儿园教师个人专业发展规划方案的实施中，教师的学习态度和积极主动的学习意愿是成就个人成长的核心因素，具备良好的自我导向、

自主驱动、自我调控能力的幼儿园教师一般最终都会实现个人专业成长的目标。

（3）阶段性原则

幼儿园教师个人专业发展规划具有阶段性、可持续发展的特点，每一阶段应确立不同的发展目标和任务，幼儿园教师在制订个人发展规划方案时应做到起步要低、步子要小，在充分分析、了解自身在不同发展阶段的专业发展特点、内容和需求后，制订个人发展规划方案。既要确保每一阶段的目标有针对性，可以促进发展，又要结合实际调整目标的合理性，保证目标的完成度。

（4）螺旋上升性原则

幼儿园教师个人专业发展并不是一个简单的、线性的前进过程，而是一个螺旋上升的递进过程。幼儿园教师专业发展规划中的目标和计划是相互关联，逐层递进的，每一个阶段都是下一个阶段目标和计划的基础，幼儿园教师需要不断学习与研究，有效地总结提炼出来自教育实践的经验，使规划方案更具价值并逐步走向成熟。

（5）动态性原则

幼儿园教师专业发展规划方案的制订是一个动态的实施过程。规划方案的计划和预设在实施过程中会受到很多不确定因素的影响，如外界教育环境的变革和教师内部自身条件的成长变化，都会让原本的规划方案发生改变，因此规划方案需要具有弹性，教师要及时地对规划方案做出相应的思考和调整，修正自己的状态和方向。

二、幼儿园教师专业发展规划的问题与指导

（一）条件分析要素制订的常见问题与指导

1. 发展措施笼统模糊，没有针对性

（1）问题表现

非幼儿园教师主动意愿，被动执行。现实中，往往有些幼儿园教师是"被规划"的，即制订个人发展规划方案是领导要求的，觉得规划就是"给领导看的"。这类幼儿园教师的发展规划多是照搬、模仿他人的规划。有些幼儿园教师存在"计划没有变化快"的心理，认为觉得规划就是形式，制订了也不一定按照规划去做；也有些幼儿园教师虽然制订了规划方案，但觉得对自己没有实质性帮助，因此不会自觉、主动地执行。

（2）分析指导

这类问题出现的主要原因是幼儿园教师制订个人专业发展规划方案的主观意识存在偏差，不认同、不接受或者被动接受这一要求，只是为完成上级教育部门和园所提出的要求或下达的任务。这种自上而下的行政指示只能让幼儿园教师迫于形势，勉为其难、敷衍了事。制订个人专业发展规划方案应该源于教师自发的、内源性的要求。对幼儿园教师个人成长及专业发展有帮助和指引作用的是教师高度自觉的、基于人生价值追求的行为。所以，在制订幼儿园教师专业发展规划之前，首先要明确几个前提——发展规划是不是幼儿园教师发自内心的迫切需要？是不是幼儿园教师的主观意识？幼儿园教师是否能主动执行？只有能做出肯定回答的真规划才能促进幼儿园教师真发展，才能体现专业发展规划的真正价值。

2. 对专业发展规划中各项因素分析不够深入

（1）问题表现

个人剖析不深入、自我定位不客观。

（2）分析指导

一要正视不足，客观分析。幼儿园教师应当全面客观地分析自己，只有正视自己的优势与劣势，清楚自身优势、薄弱之处及自己的潜力，才能更好地在专业发展的过程中扬长避短，做出正确的规划，促进自身的发展。二要明确阶段，有效发展。幼儿园教师的发展是有阶段性特征的，并且在各个发展阶段，各项发展指标存在着质和量的水平差异。幼儿园教师在制订个人专业发展规划时，要通过全面的分析，明确自己所处的发展阶段，根据所处发展阶段的特殊性科学、合理地设计教师专业发展规划。

3. 没有体现幼儿园教师的个体差异

（1）问题表现

设计的专业发展规划内容相似，没有针对性。

（2）分析指导

很多幼儿园教师在制订规划时，常常出现大同小异的现象，教师没有真正思考，只是一味效仿、照搬别人的规划。有的教师则按照领导或上级部门提出的统一要求、统一规格，甚至是统一模板来"填空"。

所有幼儿园教师不可能像阅兵部队的士兵一样步调一致地"齐步走"，因此在制订规划时，要注意以下三点。其一，因人而异，"人"指幼儿园教师的个性特点，包括能力、兴趣、智能倾向、认知风格等。其二，因境而异，"境"指幼儿园教师所处的发展环境。其三，因时而异，"时"指教师所处的专业发展阶段。

例如：幼儿园教师在入职初期，应尽量扬长避短，选择自己的优势路径，以获取更多的发展空间；而已经积累了大量经验的幼儿园教师要善于取长补短，突破教师专业发展的瓶颈，让自己具有可持续发展的潜力和后劲。

（二）发展目标要素制订的常见问题与指导

1. 目标与其发展阶段不匹配

（1）问题表现

不知道自己到底处于何种发展阶段。目标制订得过高或者过低，不符合实际。

（2）分析指导

很多幼儿园教师，特别是工作10年以下的幼儿园教师，有一定的工作经验和能力，但往往对自己所处的职业发展阶段模棱两可，不清楚自己现在处在什么阶段，自己到底是青年教师还是经验型教师；工作了10年以上的幼儿园教师，积累了深厚的理论及经验基础，开始困惑自己是经验型教师，还是已经可以算是专家型教师。这些现象的出现，究其原因，是教师发展愿景不清晰，导致发展路径和方向不明确。教师对自身的发展阶段的解读不够，没有结合自身实际深入思考，所制订的目标与自己现在所处的发展阶段不匹配。

幼儿园教师对自己的定位要适中，过高或过低都不利于专业发展规划的实现与发展。在制订发展目标时，一要对应自身发展阶段。幼儿园教师必须清楚自己所处的发展阶段，只有这样才能为下阶段或长期发展制订合理、有效、可行的成长计划目标。二要合理定位发展目标。目标不宜过高，急功近利和好高骛远的目标在实施过程中难被触及；目标不宜过低，不痛不痒、毫无挑战的目标轻易就能达到，对个人的宏观发展起不到任何指引性作用。

2. 目标层级无关联、指向不明确

（1）问题表现

整体目标层级体系不清晰。目标表述太概括，不够细致。各层级目标之间没有连续性，各级目标不均衡，目标指向不明确。

（2）分析指导

幼儿园教师对个人发展的渴望可以理解，但短期目标的内容过于繁多，在真正实施的过程中难以保证全部落实。目标一定要结合自己的实际落实能力。即便目标是少量的，但如果能长期坚持，对幼儿园教师个人发展也能发挥作用，促进教师成长。

幼儿园想要制订系统化、能真正促进自身发展的专业发展规划，首先就必须

细化自己的发展目标。幼儿园教师要注意条理清晰、表述明确，目标结构要合理、科学、有可操作性，并明确调整方向；幼儿园教师必须对每一个阶段的目标、实施策略及预期成果进行细化，使其形成有效的强化支持体系。

制订个人发展目标时，应注意目标间的聚焦与分解。应在总目标的引领下，层层分化长期、中期等各级子目标，使目标为专业发展提供导航。小的任务目标、短期目标要紧紧围绕阶段目标层层递进，不断融合、汇总，遵循总目标导航的引领，使教师最终实现个人专业的成长与发展。

3. 目标与园所发展方向不一致

（1）问题表现

只关注自身的实践，对自身专业发展没有深入思考，制定的目标与幼儿园整体目标不相符。

（2）分析指导

每位教师都是在幼儿园这个环境中成长的个体，幼儿园的发展与定位影响着幼儿园教师的成长与发展方向。教师应把握幼儿园发展战略与发展定位，规划出与幼儿园发展方向相契合的个人发展方向。

当教师个人发展与幼儿园发展方向相同，个人专业发展目标体现着幼儿园发展目标时，个人的专业发展可以从幼儿园发展中获取更多的有效培训、课题研究等有针对性的引领，获取更多有益的资源和支持，自身专业发展就会更为顺利，所制订的个人专业发展目标也就更容易实现。

（三）实施途径要素制订的常见问题与指导

1. 发展措施笼统模糊，没有针对性

（1）问题表现

制订的实施途径缺乏实质的、具体的操作方法，发展措施没有针对性、指向性，缺少时效性，无法检验。

（2）分析指导

许多规划的实施途径中存在大量的套话、范话，表达过于笼统，无法抓住具体的实施途径，没有具体的落实操作，路径导向不清晰，很难看出幼儿园教师是通过什么具体的方法、途径实现自身专业发展的。对落实具体工作措施也无法进行监测，这说明幼儿园教师在制订实施途径的过程中没有进行深入的思考。专业发展规划的目标是通过具体的措施和方法来实现的，只有目标，没有具体的方法去操作，规划是毫无意义的。

幼儿园教师是环境中的个体，会受到外界环境、内部因素及突发事件等的影响，幼儿园教师制订的个人专业发展规划方案也不应是一成不变的，应根据目标的调整而调整，实施的途径也是一样的，应根据目标的变化而变化。而且幼儿园教师的发展规划在不断推进中，会出现很多不合时宜、不周全、不切实际的问题，这是需要幼儿园教师在落实中不断地反思调整的，因此幼儿园教师与业发展规划方案应是动态性的。教师要动态地设置措施与策略，更加有效地支撑目标的达成。

在制订规划发展措施时，应针对个人发展规划中的目标逐一思考，找到最合适的方法策略。采用自己最适应的方法与手段，制订最合乎逻辑、便于实施的行动策略。实施的途径指向性要强，应学会融会贯通。在实施途径的表达上要具体清晰、细致有序，要通过具体而实际的方法来逐条完成预定的发展目标。幼儿园教师要不断地具化分解目标，最终变成一个个小单元、小任务，这样，目标是可见的，便于幼儿园教师通过有针对性的、可操作的、有效的方法去实施。

2. 忽略与幼儿园发展规划相结合

（1）问题表现

教师专业发展规划与幼儿园的主要工作脱节；专业发展规划缺少理论支持和团队引领。

（2）分析指导

幼儿园教师应及时调整具体的实施方案，在制订实施途径时要立足于本职工作，将个人发展规划与幼儿园发展规划相结合，借助幼儿园良好的环境资源和周围可利用的资源，找到支持自己规划实施的方法，创造有利条件，助力自己更为顺利地达成规划目标。

3. 缺失切实执行力

（1）问题表现

实施的过程中难以坚持。

（2）分析指导

幼儿园教师专业发展规划内容不要太多，要保持目标的阶段性，在每一阶段的目标达成后再进行下一阶段的规划。切实可行的规划有利于教师长期执行。要学会规划目标的比重，将目标分成难、中、易几类。通过筛选找到哪些目标是需要终身落实的，这种长远的目标不宜过多，如每日练琴；找到哪些目标是阶段性的，集中一段时间是可以达成的，如学会一支舞蹈。

第五章 幼儿教师专业化发展路径

　　幼儿教师的专业化水平直接影响教育教学的质量，影响幼儿的发展，需要通过行之有效的方式方法进行全面提升、深化发展。本章针对幼儿教师专业化发展路径进行具体论述，主要包括园本教研、师资培训、课程开发、评价与反思四部分内容。

第一节　园本教研

　　园本教研是幼儿教师专业化发展的重要途径，其开展的质量直接影响着幼儿园的保教水平。加强对园本教研的研究、发现园本教研存在的问题、寻求改进策略，在当今幼教大发展的背景下显得尤为重要。

一、园本教研的本质

　　园本教研，指的是以幼儿教师为主体，以教师在幼儿园保教实践过程中遇到的实际问题为研究对象，运用一定的方法所开展的旨在促进幼儿园发展，提升幼儿教师专业化水平，进而提高幼儿园保教质量的研究活动。它是一种制度，也是一种研究方式。园本教研是一项推进《纲要》、进一步落实《指南》的工作，是一项需要不断坚持、不断完善的常规而长期的工作，是一项需要建立长效机制的工作。

（一）园本教研以幼儿教师为主体

　　在园本教研中，幼儿教师占据主体地位，对教学活动进行组织，对教育理论予以实践，对教学现象加以研究，因此，园本教研活动想要获得成功、卓有成效，就需要充分发挥幼儿教师的主体作用，切实提高其参与度和参与质量。

　　这里的"幼儿教师"含义范围十分广泛，无论是普通教师还是幼儿园领导，都应当参与到园本教研中来，开展合作、研讨问题，并提出解决问题的对策与思路，在讨论与交流的过程中碰撞思想火花，在对话与思考中中实现思维突破。

　　幼儿园要充分尊重幼儿教师的主体地位，让他们真正"当家做主"；而幼儿教师也要树立主体意识，为"当家做主"做好充足准备。双管齐下，通过幼儿教师主体地位、发挥其主观能动性，进一步保障园本教研的质量，从根本处助推园本教研取得良好进展与成效。

（二）园本教研以行动研究为主要方式

行动研究并非以教育理论建设为重点，而是更多着眼于对教育实践中存在问题的解决。总体而言，行动研究就是在教学实践中，幼儿教师收集资料、分析问题、制订计划，并对计划加以实施，在实施过程中不断反思、不断改进。它既包含学习，也包含行动，具有学习与行动相结合的本质特点。

（三）园本教研与传统教研存在差异

1. 教研职能不同

教育部于2006年推出"以园为本教研制度建设"项目，在促进教师专业发展上，园本教研成为最行之有效的途径，其更具针对性；而传统教研活动则更侧重宏观指导，主要为了解决教育教学过程中具有普遍性的问题，因此对具体教育情境中的问题有所忽视，使得教研活动不能很好地贴合教学实际，也使得教师对参与调研缺乏兴趣和积极主动性。

2. 教研观念不同

传统教研活动中，教师则好似"技术工人"，始终处于被动地位，被动接受、被动学习、被动操作。相较于传统教研活动，园本教研中教师始终处于主体地位，能够积极参与其中。园本教研更多地立足实践，让教师亲身经历整个研究过程，充分发挥主观能动性，激活专业自主意识，获取真正有收益、有价值的研究成果。

3. 教研方式方法不同

传统教研活动采用自上而下的教研方式，强调理论性，将来自高等院校或相关科研机构的教研人员当作必要条件，而教师则成为研究的"被试方"。园本教研与之相反，采用的是自下而上的教研方式，其以教师为主体，将研究的过程化为行动的过程，更具应用型、实践性。

二、园本教研的模式

许多幼儿园开展园本教研活动时仍旧仿照传统教研活动进行，这就又回到了"领导主体、教师被动"的局面，属于"换汤不换药"。想要真正发挥园本教研的作用，就要探索符合园本教研需求的模式。

（一）以园为本的内部教研

园本教研本身就是在幼儿园内部开展的，以促进幼儿、幼儿教师和幼儿园整体发展为目的的研究。因此，内部教研也是幼儿园园本教研的一种基本组织模式。

内部教研要从幼儿园实际情况出发，无论制订还是实施都要符合幼儿园自身特点，要利用好幼儿园的资源优势、发挥好有利条件，同时也要明晰幼儿园所存在的问题与不足之处，在调研过程中着力解决问题，最终提升幼儿教师的专业发展水平。

在进行教研活动的过程中还要明确一点，即园本教研并非每一名幼儿教师的"孤军奋战""单打独斗"，而是所有幼儿教师的合作交流。一花独放不是春，百花齐放春满园。要在教研时建立同质共同体，在研究与学习上形成强大合力，共享知识、经验与教学技能，从而更快地促进幼儿园整体专业发展。

（二）多元合作的联合教研

当然，园本教研也不能囿于本园之内，囿于园内教师的合作交流。为了更好地提升幼儿教师教学水平，提高幼儿教师教学能力、研究能力，幼儿园也要强化与外界的沟通与合作，一面"引进来"，一面"走出去"，不断汲取外界新思想、新方法、新成果，择优而学、取长补短，促使教研效果进一步得到优化。

幼儿园要建立多元合作联合教研机制，鼓励、促进本园教师、本园管理者与园外其他研究者进行合作研究，进一步扩充幼儿教师的知识体系，拓展幼儿教师的教学思路，丰富幼儿教师的创新思维，在开放中实现资源共享、合作共赢。

（三）科研导向的课题教研

以科研为导向的课题教研即是以研究为主线，以小课题为载体，以某一专题为中心而开展的一系列教研活动，它是园本教研的最佳载体。

课题教研全程离不开"实践"二字，它的内容自实践中来，而研究结果则要应用到实践中去，整个研究过程紧紧贴合幼儿园实际与教学实践，具有极强的指导性。

同时，课题教研模式也十分重视研究理论，幼儿教师在进行课题教研活动时，能够通过反复钻研、推究，进入到理论学习层面，保持积极的理论学习与研究状态，继而掌握一定的教学研究方法。在课题教研模式引导下，幼儿教师能够进一步增强教学研究意识，还能够丰富科学研究素养，对其专业发展之路大有裨益。

三、园本教研对教师专业发展的促进作用

（一）园本教研促使教师专业发展更具科学性

园本教研不仅是幼儿教师专业发展的重要途径、有效途径，更使得其发展过程具有科学性。

1. 为教师专业发展提供动力

园本教研中以教师为主体的定位为幼儿教师专业发展注入内生动力，从此幼儿教师不再是教研活动的被动服从者，而是主动参与者、创造者，摆脱了对上级领导的"服从安排"，以主动的姿态投入教研活动中，这份主人翁意识，必将成为幼儿教师专业发展的"加速器"。

2. 为教师专业发展提供支撑

园本教研中构建的研究共同体为幼儿教师专业发展提供有效支撑。个人的力量是有限的，而群体的力量是无穷的。幼儿教师专业发展进程中，如果能实现群策群力，便能如虎添翼，拥有强有力的支持力、推动力。

3. 为教师专业发展提供真实情境

以园为本的园本教研为教师专业发展提供了真实情境。园本教研始终依托于幼儿园实际，故而能够为幼儿教师提供更真实的教学情景，让他们的研究不是虚无缥缈的空中楼阁，而是脚踏实地的现实实践。在园本教研过程中，幼儿教师能够将教研与日常工作相结合，继而融合于自身专业发展之中，不断提升自身专业知识和专业能力。

（二）园本教研促进幼儿教师专业发展更具有效性

园本教研对幼儿教师专业素养的提升是行之有效的，不仅能够提高其教学研究能力，还能潜移默化地促使教学观念转变，提高教学反思能力，改变他们的教学行为模式。

1. 促使幼儿教师教学观念的转变

在进行园本教研活动的过程中，能够让教师处于崇尚学术与研究的浓厚学习氛围之中，还可以通过研究，重构他们的儿童观、教学观、课程观。通过园本教研，幼儿教师能够摆脱传统教育观念的桎梏，在脑海内构建全新教育观念，从而进一步推进自身专业发展。

2. 促使幼儿教师反思能力的提高

幼儿教师在开展园本教研活动时，会立足自身教学实践基础，对所存在的问

题进行认识、思考、整合，因此，园本教研的过程实际上也是反思的过程，它不仅能够帮助幼儿教师解决教学中的问题，还能帮助教师形成属于自己的思考模式，使其在面对新问题、新难关的时候能够更好地面对，从根本上奠定思维智慧基础。

3. 促使幼儿教师教学行为的改变

园本教研给幼儿教师提供了一个"旁观者"的平台。在参与园本调研时，幼儿教师能够以更客观的视角来审视教学行为，一方面发现他人优点，查找自己不足；另一方面，也汲取他人经验教训，进一步反思自己，防微杜渐。在这一过程中，幼儿教师能够更清晰地查漏补缺，了解自身教学行为存在的问题，并加以改进与完善。

4. 促使幼儿教师教学研究能力的提高

如上所述，园本教研，特别是研究性教研，能够帮助幼儿教师形成这样一种意识——主动思考问题、主动研究问题。通过园本教研，幼儿教师进行教学研究的信心进一步增强，实现自我超越的内在动力进一步提升，这对于他们来说是终身受益的。

四、园本教研存在的问题

园本教研理论根植于校本教研，虽然国外关于校本研究有一些现成成果，但并没有明确的"园本教研"的概念。国内在校本教研方面也取得了一些成果，但是可以让幼儿园借鉴的经验依然有限。目前幼儿园开展的园本教学研究，更多地依靠着幼儿园自身的研究力量，存在着一定的局限性。

（一）园本教研价值取向比较狭隘

1. 重教学技能的提高，轻教育理念、教育信念的引领

传统的教学研究经常围绕"课"来展开，听课、评课是最主要的形式，观摩和讨论的重点更是落实在教师的教学技能或者是教玩具的使用上。现实中，很多幼儿园的园本教研也存在重教育技能的现象，明显缺失对教师进行职业理想、信念、职业规范的引领。李季湄教授曾说过，教育理想、教学技能、实践知识、体验感悟都是教师专业素养的重要组成部分。在教师专业成长过程中，如果我们只关注教师理论知识、专业技能的提高，教师就仅停留在理解"教学方案"的意义层面，我们获得的也只是一位"工匠式"的教师。反之，教师培养过程中注重对教师责任、信念的引领，教师理解的将是"幼儿教育"的本质，一位"育人式"的教师就会逐渐成长。幼儿园必须对教师专业素质的含义有全面的理解，否则园

本教研的方向会有所偏离。

2. 重"教练式"的带领，轻"自发式"的鼓励

"师徒结对""老教师带教"一直是基层幼儿教师队伍培养的传统做法，也是园本研训的重要活动方式之一。指导老师和教研组长总会不自觉的采用"教练式"的方式来开展指导活动，特别是在年轻教师有比赛、公开教学的任务时，总是带领年轻教师分析教材、调整活动方案，甚至是"一对一"地指导试教。平常的教研组活动也经常采用这种方式，内容多围绕教材教法的分析、教学效果的评价等，教研模式往往被固化。在这样的情况下，教师就会缺乏自觉的研究意识、自主的研究行为，久而久之就可能对问题情境不敏感，对权威教师存在依赖感。

3. 重教研内容和结果，轻教研文化和教研制度构建

园本教研中比较重视教研过程和结果，对教研制度的建设和教研文化的构想还没有进行系统的思考，这也导致教师在参与教研的过程中存在迷茫与顾虑，难以实现真诚交流、有效沟通、平等合作。

（二）园本教研理念与实践存在落差

1. 理念认识和行为操作有落差，区域发展不均衡

现阶段，大部分幼儿园已在一定程度上认识到开展园本教研的意义和价值，但在行为操作层面上还未真正形成普遍态势；且城乡间、区域间、园际间存在很大差异，认识和实践之间还有不少脱节现象；甚至有的园所教研的内容方式也和它们的保教活动一样，"小学化""成人化""形式化"倾向还比较严重，起不到通过教研提升教师专业化素养的作用，更谈不上用于指导实践，严重的还会对幼儿园活动起到负向的引导。

2. 园本教研工作机制落实不到位

目前，多数幼儿园园本教研的长效工作机制已初步建立，但还需进一步落实．有的幼儿园特别是农村园教师少、幼儿多，有的班容量达100人以上，一般的也在50—60人，教师无暇顾及也不知道还有园本教研这回事，大部分幼儿教师尤其是农村幼儿教师整体素质及课程建构、保育教育等能力亟须研训的指导提升，园本教研工作机制的落实还任重道远。

3. 园本教研的内容形式单一

在开展园本教研的过程中，存在形式单一且重形式、轻内容、摆花架的现象。集中研课、听课、评课还占教研的很大比例，研课依然是主要的教研内容，听课、评课是主要的教研形式。只有少部分基础较好的区域和幼儿园能针对幼儿园的保

教活动出现的问题进行深入研究，探索新路径。

（三）园本教研中"专业引领"缺乏制度保障

如果说个体反思是园本教研的基础，同伴互助是园本教研的灵魂，专业引领就是园本教研向纵深处推进的决定性因素。然而，现实中，园本教研中"个体""群体"和"专家"这三种基本力量并没有得到均衡运用。可以说，现阶段，园本教研比较重视"个体"的"自我反思"，也尽可能发挥了"群体"的"互助合作"作用，但缺忽视了"专家"的"引领"作用，因此园本教研的相关研究缺乏理论高度，对教师专业成长的促进作用并没有得到最大限度地发挥。

1. 对"专业引领"内涵的理解不够深入

"专业引领"可以说是理论与实践关系的重构，更可以理解为专家与一线教师有机会进行直接的对话。专业研究人员的参与，能实实在在地带领园本的教研向着更深入、更持续的目标迈进。因此一线教师常常希望得到科研人员，专家学者等专业研究人员的帮助和引领。但仅凭基层幼儿园的力量，并不能与所有这些专业研究人员建立稳固的支持关系。因此，从该园的园本教研活动来看，我们只能看到为数不多的幼儿教师有机会与专家对话，或者只能在教师最需要的时候，安排必要的专家讲座，园本教研中"专家引领"作用明显缺失。

2. "专业引领"缺乏持续的经费投入

幼儿园能够申请到的专项经费比较有限。要和专业研究人员建立长期的、比较稳固的指导关系，需要经费的持续投入，对此，幼儿园管理人员要做出一定的规划和努力。

3. "专业引领"缺乏统筹的安排

幼儿园往往对园本教研还存在片面的理解，认为它只属于教学业务范畴，只需要教学副园长负责统筹。殊不知园本教研不仅关系到幼儿园的教育教学，更涉及幼儿园整体的文化建设，关系到幼儿园的持续发展。因此园本教研中的"专业引领"对幼儿园的发展来说至关重要，它并不是专业人员来参加某次园内的教学研究活动，或者是开展为数不多的培训活动，就能称之为"专业引领"。而是需要和幼儿园建立比较长久的、稳固的支持关系，从课题研究、特色建设、教学研究等不同侧面了解幼儿园的发展现状，然后给予幼儿园整体发展的支持与帮助。因此，管理团队针对园本教研的"专业引领"需要进行全面规划。

（四）园本教研尚不能满足高质量幼儿教育的需求

1. 高水平幼教专家教师数量欠缺

幼教发展的形势推动着园本教研的深入开展，但还不能满足广大人民对高质量幼儿教育的需求。高质量幼儿教育的一个重要特征是拥有一批专业化的幼教队伍。多年的教研活动尤其是园本教研活动开展以来，培育了一大批优秀的幼儿教师专家队伍，同时，也应看到高水平的专业教师数量缺口很大，教师结构复杂且素质偏低，教学思想亟待更新，打造本土专家的任务异常艰巨。

2. 骨干园所数量不足

骨干园所在园本教研活动中起着示范、辐射、引领的作用，但示范园所的数量严重不足，还不能满足提高幼儿园质量的要求。这一问题的凸显，需要我们在现实工作中进一步反思，寻求有效的解决对策。

（五）园本教研工作评价激励机制不完善

1. 园本教研效果评价重结果轻过程，缺乏长效的激励机制

园本教研是一个逐渐推进的行动研究过程。但实践中，很多幼儿园都没有很好的机制去评价园本教研过程的实效性，转而更多地去关注科研成果的积累，科研论文发表的数量，注重园本教研结果，忽视对行动研究的过程性评价，评价机制不完善。因此，幼儿园还需健全从主观上激励教师积极投入园本教研的机制。

2. 园本教研评价主体单一，教师参与园本教研的动力不足

有效的评价机制能促进园本教研持续深入地开展，能激励教师积极主动地投入教育科研。然而，目前园本教研的考评激励机制还不够全面，较为单一，缺乏同伴间的互评、教师个体的自评等多样的手段，教师参与教学研究的热忱得不到更有力的激勉。

（六）园本教研不能满足教师个体化发展的需求

园本教研对教师的促进作用往往更多体现在一小部分教师身上，绝大部分教师在园本教研中处于被动接受的角色，园本教研并不能完全满足教师个体化发展的需求。

1. 骨干教师主导园本教研方向和过程

骨干教师是一部分专业素质全面、实践研究能力较强的对象，是园本教学研究的中坚力量，常被"核心小组"委以重任，主导着园本教研的方向和过程。她们有着较强的问题意识和研究意识，总能自觉地把自身的教学实践和教学研究联

系起来，能深入分析问题，积极发表见解。同时，这部分人往往对自身专业有着极强的自信，园本教研过程中会不自觉的不采纳别人的建议，不遗余力地让别人接受自己的意见。因此，她们往往很难与其他教师建立平等对话的机制，渐渐的，大部分教师在园本教研中的声音就越来越小。

2. 普通教师被动参与园本教研

我们可以看到，多数的教研活动现场是少数人的舞台，大部分教师都显得很被动，处于"随从"的境地。一方面，她们认为园本教研的任务更多的该让骨干教师承担，自己只要参与、附和就行；另一方面，也源于对自身专业能力的不自信，怕自己的发言不恰当，在全园教师面前"出丑"；更重要的是，多数人会受到一部分教师观点的"牵制"，在附和声中逐渐丧失话语权，导致园本教研不能引发全体教师的情感的共鸣和意见的碰撞，更不能满足教师个体发展的需求。

五、园本教研的提升对策

（一）发挥园长领导作用，彰显"重要他人"助力支持

园长作为幼儿园发展的领导者，对幼儿教师的成长发展规划以及专业能力提升都具有重要的指引。园长负责制决定了在幼儿园中，园长必须承担起园本教研制度与规划建设的重任。就园本教研中的教师专业能力提升而言，一方面，园长应当发挥其教育领导作用，做园本教研中的引领者；另一方面，园长应当建立健全教师专业能力成长机制，从制度层面保障教师的专业能力学习与提升。园长要想发挥在教研活动中的引领作用，需要园长对学前教育的专业问题、教师的需要以及教研制度建设进行关注。正是因为园长如此重要的作用，所以需要园长要提高自己的专业水平，成为幼儿园提高教育质量的带头人。

1. 发挥教育领导作用，做教研的引领者

教育领导作用要求园长能够诊断教育问题、激励成员的专业精神、促进成员的专业发展。聚焦于园本教研，园长作为专家型的管理人才应当用前瞻性的教育视野有针对性地就园本教研实际问题做出专业上的引领，在园长的专业带领下促进教师在园本教研中专业能力的不断提升。

一方面，做教育观念与教育行为的先行者。园长在幼儿园园本教研中起着"率领"教师团队的作用，是先进教育观念的先行者，园长应当不断丰实自身专业知识与理念，同时注重跨学科知识的学习与整合，时刻将前瞻性的教育知识与理念传递给教师。同时，园长更应当做教育行为的先行者。先进的教育理念必须要通过教育

行为的检验，园长应当以身作则率先将观念运用于实践，启发教师以疑促思、以思促行，引导教师在园本教研中通过问题去实践去解惑，进而实现专业能力成长。

另一方面，做研究的引领者。园本教研开展的重心就是"研"的突破，园长作为园本教研的主要引领者，更应当加强研究意识与问题意识的锻炼与养成，进而实现研究能力的习得。同时，园长还要加强对教师指导的研究。一方面，园长应当合理把握众多教育问题，为园本教研明确大的方向；另一方面，强化教师反思能力的培养，通过不断的合理质疑引发教师的思考，引导教师在不断的思维拓展中得到教育的启发；最后，注重教师教育经验的整理与整合，园本教研本就是解决教育实际问题，因此教师通过自身实践形成的教育智慧是十分珍贵的，对其进行收集与整合有利于教师形成自身教育理念。

2. 发挥统领管理作用，做教研的管理者

首先，园长要利用多元奖励方式，充分发挥激励作用，对勇于积极参加教研教师以及能够在教研过程中有所创新、教研成果丰硕的教师，给予适当的物质与精神奖励。要强化多重教研保障，包括时间保障、人员保障与物质保障等；引入多元、开放的教研网络，如利用QQ、微信等即时通讯软件保障沟通的及时与便利，从而便于问题的及时发现与解决，便于教师将先进经验及时与同伴分享。

其次，幼儿园园长要及时对园本教研所遇到的问题进行阶段性总结，特别是对一段时间以来经常遇到的问题要给予高度重视。要针对这些"疑难杂症"组织学习，对这些问题进行专门的研讨，建立研究小组对这些问题进行研究后，把研究结果进行推广应用。

最后，在教育管理方面要注意对于教师的管理遵循"人本性"。要调动教师参与的积极性，就要充分尊重和信任教师。在教研过程中通过人本的管理方式来激发教师自主创新的潜能。设置专门的教研室，从经费中设置专门的教研经费，一方面提高教师的教研环境，另一方面优化教师的学习环境。

3. 健全教师专业能力成长机制

在我国，幼儿园缺乏有效的监督机制是当前存在的普遍问题。师资队伍作为幼儿园发展的主力军，缺乏完善的教师专业发展机制意味着对教师未来规划的不清晰，加之部分教师对能力发展规划缺乏一定的认识，导致自身专业进步不明显，这都对幼儿教师的发展进程产生阻碍。基于此，幼儿园应当重视对教师的专业发展规划，建立完善的教师专业能力成长机制。一方面，幼儿园应当把握全园教师专业发展程度，依据教师发展阶段划分专业成长小组，提出针对性教师专业发展规划。另一方面，幼儿园为教师提供能力发展的规划知识，帮助教师学习掌握教师各阶段应当学习的内容、特点及目标，监督指导教师认真将规划落到实处，进而得到专业能力的不断提升。此外，建立健全教师专业能力成长机制还应当包括幼儿园教师学习机制、反思发展机制、教学成果评价机制、教师激励机制等一系列促进教师成长的方方面面。

（二）确立"生态取向"的园本教研模式

园本教研价值取向是基于对教育本质的理解，基于对幼儿教育需要怎样的合格教师的思考。传统的教研模式，强调教师理论知识的积累和专业技能的提升，会忽视教师专业发展的自主性。园本教研的深入开展，让我们尝试把视角转变到通过教师对自身教学工作的反思实践来改进教学，获得自我理解，但很多时候它仅是一种个人行为，园本教研还处于互动性不足的状态。我们更需要建构一种有着"生态取向"的园本教研模式，让它展现出自主、开放、共生等生态学特点，强调对话与协商的过程，让教师专业发展处于主动性和互动性完美结合的状态。

1. 园本教研内容应来自于教师"自下而上"的反思

园本教研中要摒弃外部力量对教师的规约，要引导教师减少对权威教师的依赖，建立专业自信。从听从业务领导的安排、附和别人的意见中解放出来，时刻关注自己的教学实践，寻找自己感兴趣的研究内容，发现自身教学工作中的不足，并且敢于提出困惑，发表自己的见解。教研组长及一些骨干教师，要定期整理、采纳来自于一线教师的困惑和兴趣点，通过与核心小组成员进行横向和纵向的梳理，分析确定教师们感兴趣的园本研究内容。教研组通过这样"自下而上"的思辨过程，来确立教师真正感兴趣的研究内容，引领教师自觉地对园本研究内容给予关注、参与和评价。

2. 园本教研过程应追求全方位"对话"过程

园本教研的根本目的是要唤醒教师的自我意识、问题意识，增强教师专业发展自觉性，并不是特别主张教师学习现成的教学经验。追求全方位的对话是园本教研活动过程非常关键的因素。教师要加强与自身对话，时刻审视自己内心的需求，关注自身现有的教学水平，能对自己的专业发展提出合理期望。教师要加强与孩子的对话，了解孩子的现有水平，能为每位孩子健康成长提供帮助。教师要加强与同事对话，放下防范意识，坦然地在群体中暴露自己的不足，表达自己的真实想法；要消除资历的影响，实现平等地交流。更要把握对话过程中的意见冲突，突破求同思维，寻找教学情境中解决问题的不同策略。在与专家的对话过程中，教师要敢于表达自己的思想，要全神贯注地领会专家的意见，借助于专家的概括分析和引领，构建属于教师自己的"实践性知识"。

（三）联动高校优质资源，加强专家专业引领

幼儿园管理者一方面要积极争取稳定的经费投入，确保机制的有效运行。更重要的是要有全局观念，从课题研究、特色建设、教学研究、师资建设等不同侧面分析幼儿园的发展现状，思考幼儿园发展的哪些方面需要"专业人员"的支持与引领，并去寻找真正能支持幼儿园发展的机构或者人员，与他们建立长期合作的规划，形成常态化的"专业引领"机制，保障园本教研更深入地开展。

高校是园本教研制度不可缺少的重要组成部分，师范高校的基础教育课程研究中心是课程改革中教学研究的重要力量。高校有着丰富的教师资源与理论基础牢固实践经验较为薄弱的学生资源，幼儿园作为天然的教育场所，拥有丰富的实践资源。幼儿园与高校建立结对关系，将是理论与实践结合的双赢场面。缺乏专家指导被认为是影响教师专业发展主要的影响因素。就幼儿园而言，高校专业学者掌握着学前教育领域最先进、最全面、最科学的理论知识，高校教师入园讲座能够为一线教师带来最新的观念以及理论知识学习。与此同时，高校丰硕的图书馆资源能为教师的专业知识学习提供坚实的物质储备，对于幼儿教师的专业成长可以起到事半功倍的效果。因此，为了让教师接受更为专业的知识学习与专家引领，幼儿园应当密切与高校间的联系，与高校教师建立长期的合作机制，充分利用高校优质资源，为教师的专业成长提供更坚固、更专业化的学习平台。

高校要主动参与到幼儿园的教育教学实践中去，对幼儿园的教研活动进行指导。高校的专业人员要从自身优势出发，与幼儿园的教师进行共同的学习研究，让学者切实在幼儿园教研中发挥学术支撑方面的作用。另外高校还要加强对相关专业学生的教育，实现学生与用人单位的对接，针对幼儿园所面临的问题，有目的地选择教学内容，培养幼儿园需要的教师，对学前教育专业的教师培养提供各种条件和保障设施，特别是要加强专业学位的建设。

高校教师专业引领的合作机制主要体现在教师观摩专家示范、与专家进行专业对话，专家通过言传身教的形式对教师进行教育与教学研究上的帮扶，切实协助幼儿教师解决教学实践问题，促进教师专业能力提升。专家引领的教育形式呈现出多样化态势，包括专题讲座与研讨、观摩评议示范课、互联网答疑解惑以及专家指导下的教师培训班等等。对于幼儿园教师而言，通过系统化、专门化的专家指导，是了解专业领域前沿知识、改善自身教育教育质量、提升自身专业能力的有效途径。

（四）构建多元园本教研，提高教研的实施效果

1. 充分利用好网络教研力量

网络教研能够让老师有针对性地进行学习，这些信息经过总结与整理后能够使管理者熟悉教师的问题，让专家们采取有针对地指导。网络教研还能够作为实地教研的延续与补充。在节省时间的前提下，能够把研究问题深入化，还能够及时把握近期的研究重点，还能够帮助及时查找与回顾，能够形成螺旋上升的教师成长路径。

采用网络教研也有多种方式，比如在教育部门网站开设园本教研板块，在这一版块中幼儿园可以及时更新和上传教研动态和教研信息，有利于幼儿园之间的经验交流与学习。由于网络的及时性与便捷性，幼儿园能够及时迅速地了解教研情况。同时开辟专门的教研交流网络平台还能避免网络资源的参差不齐的弊端。

教师们能够利用QQ、微信、微博的个人网络平台，或是发表自己的心得和随笔，或是查找和使用自己需要的内容。教师们还能够在网络教研中自由发表教研观点，可以激发参与的热情与兴趣，满足自身的心理需要，提高教研在教研结果和主题态度的满意度，整体提高园本教研的满意度，促进教研效果的实现。

2. 营造平等、互助的教研环境

教研活动本就是一种平等、互助的教师成长模式，在平等的交流中能够避免在紧张的状态下不能够"实话实说"，在这种平等的状态下能够共享经验与知识，能够让专家把理论知识与先进的观念传达给一线教师，而教师能够把实践中的问题表达给专家，能够丰富专家的经验储备，避免理论与实践脱节的出现。教师们也能够在和谐的教研氛围中，积极汲取自己需要的经验与知识，还能够促进教师间的互相帮助。教研是在教研环境中进行的，因此营造平等、互助的教研环境是十分必要的。

首先是教师与专家之间。专家报告、讲座等专业引领方式对教师教育理念的更新有一定的促进作用，但真正能够帮助教师在复杂的、不确定的情境中获取知识和能力的方式，一定是专家的实质性参与。专家在"参与式"引领的过程中一定会放下权威，深入到教师群体中，去全神贯注地、详尽地倾听、领会教师内心的真实感想，去充分地理解他们，并发出不同于教师的声音，运用专家比较强的抽象概括能力去帮助教师分析教育活动的内涵，在这一过程中，不能把专家的观点强加到教师身上，专家们需要以平等的身份进行交流，放下架子，在教研中给教师们提出针对性的意见，同时也要听取教师们的意见。当然，更需要教师摒弃

"专家就是权威"的固有想法，要把专家视作为"合作者"，在专家面前不压抑自己的想法，敢于发出不同的声音，和专家一起通过多视角的对话，逐渐获取属于自己的实践型知识。其次是教师与教师之间，需要破除教师间的隔阂，了解教师之间的关系，管理者需要在日常管理中了解教师之间的关系，发挥和事佬的作用，不仅要在生活上对教师进行关注，帮助教师间消除隔阂，只有这样才能够建立相互帮助的教研氛围。最后，教师与自身之间，需要提高教师的教育知识与教育观念，让教师们能正视自己的发展阶段与自己的发展需求，能够在教研中有针对性的汲取所需的经验，促进自身发展。平等、互助的教研环境，有助于更全面、深入地了解教研活动中主体的需求，在此基础上才能够选择有价值的研究内容，采取丰富的教研方式与手段。

3. 区域联合的教研图景的构建

所谓区域教研指的是由区域内各省级示范园牵头组成各具特色的教研合作小组进行区域集体教研的合作教研模式。能够通过整合优质资源、实现资源共享，在合作教研交流中实现本地区幼儿园的共同提高和发展。

幼儿园要充分利用区域内外各个幼儿园的教育教学资源充实力量，提升科研能力，有计划地开展区域性、园际联动的研究活动，实现优势互补。借助区域联盟平台，充分与各联盟单位围绕学前教育热点问题，各园共同感兴趣的话题，各园共同存在的现实问题展开有针对性教学研讨活动，借助多园力量，助推园本教研更有效、更持续、更深入地发展。

在进行区域教研时，首先需要从观念入手，让教师们树立正确的教育观念。建立"盟区"学习型教研活动，提高教师的理论知识。可以通过读书活动，提高教师的专业理论。还可以通过"强带弱"的学习方式，让经验丰富的老教师以及专业素养较高的教师，通过开展专题讲座等形式对教师们进行专业培训。帮助教师们提高自身素质，树立科学的教研观念。利用共享资源，通过园际合作把各园的骨干教师们利用起来，能够实现先进理念与经验的分享，实现共同发展的目的。

其次，为了实现教研活动区域均衡发展，需要利用区域资源实现资源共享，利用区域内的优质幼儿园资源和优质教师资源，针对发展薄弱的幼儿园和新手教师，开展具体的教育活动的交流与指导。比如，幼儿园利用开放日的机会实现幼儿园间的交流，区域的教研员也参加其中，通过骨干教师和教研员的实时指导能够帮助弱园转变教育观念，提升教育与研究能力。利用区域的合作实现课题的区域合作，把教研活动课题化，优势互补，实现学习共同体。

再次，区域合作教研活动也是交流的重要形式，把园本教研从幼儿园扩展到区域中去，在与其他幼儿园的交流中，增长知识经验提高解决问题的能力，把好的经验为自己所用。可以组织教师到好的幼儿园进行观摩教学，也可以好的幼儿园到弱的幼儿园进行交流指导，在学科组之间、年级组之间以及教师之间实现多元交流。同时要注意联合发展并不是简单地向弱园输出，让好幼儿园的教师到弱幼儿园去体验锻炼，也会使其专业水平迅速提升。

最后，要重视上级教研人员的合理选用，提高上级教研活动的质量。由于很多幼儿园运用骨干教师带动其他教师进行教研活动的方式促进园所教师的专业发展，而骨干教师大部分跟随所在地区的上级调研部门进行培训、考察、研训等活动，因此，上级调研部门教研员进行的相关工作与一线教师的专业能力发展产生了相对密切的联系。一方面，地区教研部门教研员的专业性和对工作的重视程度是本地区教研工作能否取得成效、教师的专业能力能否得到提高的根本性因素，教研员的业务素质对教师的专业发展起着前瞻引领、规划与指导的作用；另一方面，教研员的敬业精神和职业归属感对教师的专业发展发挥着带动作用，上级教研员对工作的重视程度和落实工作的严格程度也影响着教师教研工作完成的质量和效率。因此，选用合适的人员进入教研岗位并进行工作落实对教师的专业发展发挥着不可忽视的作用。

在保证园所所在地区教研工作内容科学性的基础上，可以通过选拔优秀者参与更高层次展示与评比的方式提升教研效果和质量。例如，针对教师普遍需要提升的专业能力进行相应的活动计划组织和实施的评比，并将每个园所评选出的优秀活动及优秀参赛者送报至区、市等更高级别的部门进行选拔，优中选优，在提升教师参与积极性与力求取得更好工作成果的努力实践中，促进教师相关专业能力的发展。

（五）形成培养"研究者"教师的专业发展范式

园本教研价值取向中存在重视教学技能的提高，强调"教练式"的带领现象，注重对教师进行知识灌输、操作培训，这样的研训模式往往成就"技术执行式"人才，教师发展缓慢而被动。园本教研需要形成一种崭新的培养范式，以"实践研究者"为培养目标，主张教师作为积极的实践主体来获取经验，获得成熟。

1. 提升教师的行动研究能力

课程专家指出：园本教研中所指的"研究"，不是鼓励教师去追求科学主义的量化研究，而是围绕各种问题情境而展开的反思性叙事研究，更多的是鼓励教师以"自己的方式"去从事的教学研究。因此，幼儿园首先要增强教师的问题意识和教研精神，鼓励教师把自己看作"研究者"，经常置身于多种教学情境中，养成主动审视自己乃至同伴的教育教学行为的习惯，学习站在理性的角度分析行为产生的原因。更要创设宽松、民主的研究氛围，通过多样的方式鼓励教师针对各自迷惘的、疑惑的、不确定的问题进行反思，寻找解决问题的方法，用于修正和调整自身的教学行为。教师需要对不同的反思过程进行整理，不断进行经验总结，发展个人的实践性知识，提高应对瞬息万变的教育情境的能力，真正把自身专业发展历程和园本教研的过程结合起来。

2. 教师培养在"互渗共融"基础上寻求个性发展

（1）进一步发挥同伴互助效应，实现"互渗共融"

教师对于自身学习状态的支持与认同有赖于所处工作环境的教学文化以及学习氛围，也就是说教师个体与社会情境之间的互动关系影响着教师学习。园本教研作为一种群体性教育活动形式，教师间的同伴互助不仅有利于提升其专业能力，同时也在教师学习交谈过程中加强了学习氛围的创设。不同的教师有着不同的教育经验、教学成果、教育风格以及教育思想，彼此间的交流互助有助于弥补自身专业发展上的不足，及时取长补短，进而实现教师团队整体的发展。因此，幼儿园为教师提供形式多样的互助条件是十分必要的。

大部分幼儿园一直都知道"同伴互助"对促进教师发展的效应，但在现实的实践情境中"互助"的真正内涵并没有得到充分发挥。许多教师还是习惯于把自身禁锢在自己的学科思维中，私底下很少找同伴分享教学心得。教研过程中多数教师也很少主动与同伴互动交流，少数活跃的教师主导着研究方向。要改变这种现状，一方面要在宽松、民主的教研氛围中，帮助教师树立融合、开放的意识。另一方面要多提供小组式、结对式等合作研究的机会，强化教师"抱团发展"的整体效应。要利用教师参赛，教研组组成"后援团"协助比赛的事件，帮助教师体悟"群体作战"的效应，实现教师发展的互助互融。幼儿园可以开展合作授课的教学形式，即以3—4名教师成立教学小组，一位教师作为教学主导，大家就同一个主题进行备课，共同商议教学目标、内容、过程等教学活动环节，最终生成一堂完整且成熟的教育活动。这种形式的教学活动，是将教师针对同一教学目标进行面对面交流，有助于加强同伴间的交流与合作。幼儿园还可以定期开展案例教研活动，即教师发现并记录班级教学活动中的典型案例进行教师间的交流与分享，所谓典型就必须要具有教育问题和教育意义的。要求教师在讲述案例时能够说明自己的教育问题、教育思考、教育措施以及教育成效，对于未解决的教育问题可以邀请教师进行同伴间的探究和思考，对于已经解决的教育问题教师可以通过自我的反思与经验总结，为其他教师同伴提供可以借鉴的积极经验。这种多样化教师互助形式加强了教师与教师之间的学术交流，在教师自生专业提升中无形间营造出了良好的学习氛围，两者相得益彰。

（2）要满足教师个性化发展的需求。

园本教研不能只成为一小部分骨干教师的舞台，更不能成为只局限提高教师教学能力的平台。要开展多样的专题研训活动，从教学、科研、写作、家校沟通等不同角度切入，让全园教师在充分认识自身特点的基础上，选择优势项目参与研训。让教师在自己的优势领域中，发出不同的声音，充分展示自己的话语权，促进教师个性化的成长。

在开展园本教研的过程中，只有关注教师的需求，清楚了解每一位教师的成长需要，才能够有针对地展开帮助。了解教师的需求，需要从三个方面入手。需要定向了解、随机了解与第三方观察中获得。

首先，在定期的定向了解方面，可以采用简单的访谈形式或者是自我访谈的形式。这需要教研管理人员在之前的教研活动进行梳理和概括，同时通过与教师的对话了解教师在教研中的问题和困惑，把教师们在教研中所遇到的问题提炼成一份问题清单，问题可以根据实际情况进行调整。

在教师对幼儿园的发展中表达自己的意见时，不是所有看法都能够直接表达出来，如果这种情况受到压抑容易出现职业倦怠等负面效果，而情感的宣泄是一种很好地减轻职业倦怠的方式。因此，教师的抱怨是重要的信息来源，它既是一种宣泄方式，也能够反映出幼儿园中的问题。因此使用抱怨条也是一种重要的消息收集形式。

使用抱怨条的方法首先需要注意的是形式问题，因为教师只有在匿名的时候才能够尽情表达自己的不满，真实地反映出问题的本质。同时，还有保障使用抱怨条的便捷性，在幼儿园的环境布置上要注意多设置抱怨条回收处，提供纸、笔等用具，方便教师能够随时表达自己的意见。在抱怨条收回以后最重要的是要对收回的抱怨条进行整理，并且根据抱怨的内容，积极寻找应对策略采取针对性的回应。针对实名的抱怨条可以采用一对一的谈话方式解决教师的负面情绪。

其次，采用不定期的随机了解。可以采用问题的收集板、求助栏以及问题的收集册等形式。在真实的教育情境中能够真实地反映教育问题。因此问题的收集板要设置在班级的教室内，这是要应对当教师在教育教学的过程中的"灵光一闪"在教育活动后要及时地对记录的问题进行整理及时地去需求帮助解决问题。求助栏是为了在提出问题是能直接及时的给予解答，因此求助栏最好设置在教师比较集中的办公室内。让教师们能够在办公室内利用求助栏进行及时的交流与探讨，利用学习共同体促进教师专业发展。同时把问题收集册放在办公室中方便教师们把自己解决不了的问题记录在收集册上，然后在教研的时候把他们当作教研的问题解决。

最后，利用第三方的观察。有效的教研活动是根据教师问题开展的活动，但是在解决问题的时候，总是"旁观者清，当局者迷"，因此在了解教研的需求之时，还要利用第三方进行观察，能够更清晰地了解教研中的问题。所以要利用好社区资源、家长资源以及专家资源。使其三方成为第三方观察者，把他们发现的问题积极收集整理，弥补自身教研的不足。

（3）注重个人需求的发展模式

对教师因人而异地制订专业成长计划。这要符合教师个人的真实发展愿望。需要注重个人需求的发展模式。

虽然教师面临的问题可能有相似的地方，但是形成的原因可能不同，如果想要有效地解决教师的问题需要采取不同的方式。但是常规的园本教研中，幼儿园有时考虑不到这些问题，多是统一的方法。而正确的方法应该是这样的："观察行为—分析思想—确定支持"的模式。具体来说就是发现教师的困惑，解决教师的困惑。首先，要在教师的教育工作中以及教研中对教师的行为进行观察，观察教师是怎么做的。然后分析教师这种行为产生的原因，关注教师是怎么想的。然后确定采取什么样的教研支持策略，寻求对策共同解决，关注可以怎么解决。

3. 要基于园本构建教研学习型组织

幼儿教师共同解决教学问题的过程中形成的园本教研团体，其本质就是一个不断发现问题与解决问题的学习型组织。创建学习型组织，有利于幼儿园真正成为教师不断学习与发展的实践场域。在终身学习理念发展的今天，园本教研形式同样应当顺应时代发展的趋势。这需要全园幼儿教师在共同学习与全过程性学习中树立工作即研究、研究即学习的思维理念，进而在全园形成共同学习与研究的新态势。运用于幼儿园园本教研的开展主要表现在：首先，幼儿园应当树立好教研管理者与教师学习者的身份，构建全园教师教研学习的平台与组织，制订完善的教研制度予以规范和约束。在学习组织中，不断输入与汲取新进的教育理念与知识，帮助教师树立科学的保教观念；其次，教研管理者应当本着以人为本的观念，根据教师的兴趣、专长以及专业发展志向将教师划分为不同领域的教研小组，最大程度上达到对全园教师因材施教的效果。最后，为教师提供共商共讨共研的学习交流平台是教师成长的关键所在，这是促进教师思想观念碰撞、更新，是教师不断超越与自我实现，是提升教师团队整体教研实力形成学习型组织的至关重要的一个环节。

（六）建立有实效的园本教研"研究共同体"

幼儿园教研管理者作为园本教研的核心力量，一方面要对本园的园本教研工作做出全面合理的规划，更重要的是组建和完善"研究共同体"。首先要增强自身的教学领导力，以自身的专业感召力引领教师积极进行教学实践。其次，要不断充实能主动参与实践活动的研究群体。除了集体内的基层教师、教研管理人员，更要吸引教科研等专业研究人员的全面参与。另外，要进一步完善"研究共同体"的活动机制，使组织内成员形成一致的发展愿景，树立共同的发展目标。

（七）提供教师成长保障，提高教研的主体效果

1. 提高教师源头质量

我国的教师培养机制较为单一，幼儿园老师多来自于职业院校或者幼儿师范，由于幼儿教师招生的特殊性，对于幼儿教师的准入要求相对较低，对教师的学历要求较低，大多是中专生或者大专生，本科生学历与研究生学历的幼儿教师更是少之又少。教师作为教研的主体，教师质量的高低，影响着园本教研质量的高低。因此首先，要提高教师质量从源头上来考虑就是要提高生源质量。政府应该加大对幼儿师范类教育的投入，加大对幼儿教师培养单位的扶持，对幼儿师范院校在招生上提高要求，同时加大优惠政策，面试政策，要吸引更优秀的生源来报考此专业，从源头上提高准幼儿教师质量。

其次，在招入以后，要确立科学的培养目标，转变培养"教学者"的教育思想。在教育教学活动中幼儿园需要的并不是简单的"教学"，幼儿园需要的是具有教研素养的幼儿教师，培养单位要优化培养目标，让幼儿教师不仅要会教还要会"研"。幼儿教师的素养是由课程的结构决定的，学校设置的课程能够为准幼儿教师的成长提供方向。比如，设置关于教育科研的课程，促进教师教研理念的形成与教研理论知识的丰富。因此要设置结构合理的课程，培养准幼儿教师掌握一定教育教研专门知识。同时还要为准教师们提供足够的在幼儿园的时间，提供尽可能多的机会参加幼教改革研讨会，及时掌握幼教改革动态和信息。

再次，在教学方法方面，从招生方面提高了学生质量，在课程设置上完善了教研学习的结构与内容，那么接下来就是要创造条件开展相应的教研活动。幼儿师范院校需要创造学生们开展教育研究的条件，对教研的基本方法与步骤、基本知识进行必要的教研训练。可以让学生们积极参加实习活动，参与到幼儿园的教研活动中去，让他们在真实的教育环境中，掌握需要的知识和能力。

2. 合理利用教研结果

园本教研的实效性如何，可以从园本教研的结果转化程度来看。园本教研的目的就在于解决幼儿园发生的教育教学实践问题，在教研的过程中针对园本教研的问题，通过研究讨论，会产生教研结果。教研的效果也在于教研的结果是否大于教研的投入，因此如何利用教研结果是提高园本教研有效性的重要指标。

园本教研研究成果的应用，主要包括把自己的研究成果应用到实践中去，以及应用别人的研究成果。把教育教学理念转化为教师的教学实践。

教师们要在与其他人的交流过程中增长自己的知识与能力，在与其他幼儿园的经验交流过程中，把其他幼儿园在园本教研中所总结的教研经验与教育理念转化为能为自身所用的教学实践。园本教研的结果不仅在于对于本园的教研结果进行利用，还需要研究别人的成果，在对其他幼儿园的研究过程中也能够产生新的成果，应注意对教研成果进行有效的推广和应用，依靠园本教研结果的运用促进教师成长、依靠教研推进教学、依靠教研促进幼儿发展的园本教研目标的达成。

3. 追求多维度、过程性激励

开展园本教研的过程中，应当采取一定激励手段。但是激励并不仅限于对教研成果的奖励，它应当是多方面的，具有过程性的。

（1）发挥目标激励和情感激励的功能。

幼儿园要建立目标激励机制。要引领教师定期制订个人发展规划，及时分析自身专业发展的远期目标和近期目标，更要注重规划目标达成的具体措施。教师能定期对目标达成情况进行阶段小结，明确下一步努力的方向。教研组要帮助教师修整、评价目标完成情况，在教师完成阶段目标时及时给予鼓励与肯定，不断激发教师达成目标的动力。

同伴群体殷切的期望、真诚的鼓励是激励教师努力奋进的推动力。园本教研过程中应该强调不仅要给予同伴建设性的意见，更要从情感激励角度出发，给予鼓励性的建议，帮助同事增强自信。

（2）注重终结性评价和过程性评价相结合。

经调查发现，该园园本教研评价更多去关注了教师参加园本教研的次数、参与的态度、发言的频率等情况，以及教师论文撰写、优质课评比获得的奖项，很少关注教师在研究过程中专业素养得到了怎样的提升，教研评价带有浓郁的功利性色彩。有实效的园本教研评价，应该采用终结性评价和过程性评价互为结合的方式，从注重教研成果积累的固有模式中解放出来，强调教研现场展示的过程和成效。多为教师创设展示教学水平的机会，让教师在观摩交流中增强自我学习和自我提高的紧迫感。同时开阔多样化的评价视角和标准，以建立教师成长档案的形式来记录教师教学工作的改进情况以及专业化发展的程度，帮助教师直观地了解自身专业发展的足迹，体验成长的快乐。

（3）引入"平行式"的评价主体和手段。

教研评价一般都采用"自上而下"的评价手段，参与考核评价的主体由园长、保教主任和教研组长等教研管理人员组成。这样的评价往往有一种"权威"感，让教师有一种被压抑、被审视的感觉，不利于教师教研热情的激发。我们提倡"平行式"的评价手段，鼓励教师群体以"自评"和"互评"的方式共同参与教研评价，让教师接受不同层面的主体对自己的评价，更赋予教师评价他人的权利，真正让教师以主人翁的角度去关注教研过程、参与教研评价，努力形成更细致、更全面、更交互、更民主的评价机制。

总之，园本教研要充分发挥幼儿园、教师的专业自主性，要借助于教育行政力量、教研专业人员、学术专家、姐妹园骨干力量等外部力量的支持，加强管理，加强体制机制建设，从而推动园本教研良性、健康、持续发展。

第二节　师资培训

幼儿教师专业发展不是一朝一夕就能实现的，实际上，它是需要长期积累的过程。教师在师范院校接受教育时，就已开启专业发展之路，及至步入幼儿教师岗位后的职业技能培训，再到实际工作中参加的各种在职培训，都是幼儿教师专业发展路途中的一个个"脚印"。而从其中不难看出，师资培训正是提高幼儿教师专业发展水平，促进幼儿教师专业成长的重要途径。

一、师资培训对幼儿教师专业发展的促进作用

（一）师资培训是实现教师专业成长的载体

1. 从幼儿教师的长远发展来看

如上所述，幼儿教师的专业发展是需要积累的过程，不能一蹴而就。现如今，社会对幼儿教师提出了更高的要求，家长对幼儿教师拥有着更多的期盼，而幼儿

本身越来越强烈的求知欲也对幼儿教师提出了更多的需求，这一切都说明幼儿教师的学习不能停滞不前，而应不断丰富、不断发展。幼儿教师不仅需要在实践中积累教学经验，还需要接受更全面、更深入的培训，扩充自己的知识面，完善理论知识结构，才能更好地指导实际工作，引导幼儿学习，回应家长与社会的要求与期盼。

2. 从幼儿教师教育实践的不同阶段来看

在第三章，我们把幼儿教师专业发展分为三个不同阶段，分别为"新手型幼儿教师""成熟型幼儿教师"和"专家型幼儿教师"。实践中，伴随幼儿教师的不断成长，其自身工作目标、工作任务、工作需要也不断变化。从最初踏入工作岗位，到逐渐稳定、成熟，再到具备较强的专业知识、专业能力，每一个新阶段都对幼儿教师的专业发展提出新要求、新题目，单靠教师自身力量进行"解答"可能尚有不足，需要师资培训强有力的支持辅助。

3. 从幼儿教师教育教学对象的变化来看

步入信息化社会，知识更新速度越发加快，幼儿的好奇心也与日俱增，会针对新兴领域、新型知识提出问题，如果幼儿教师自身止步不前，未对所掌握的知识加以更新，就很有可能无法满足幼儿的需求，从而在引导幼儿、教育幼儿的过程中出现困难与瓶颈。而通过师资培训，教师就能始终保持头脑"理论库""知识库"的更新，始终走在时代前列，将最新的知识教授给幼儿，既保证幼儿教育工作质量、满足幼儿对知识的渴求，又促进自身专业发展。

（二）加强师资培训是教师专业成长的有效途径

1. 从幼儿教师专业特点来看

与其他阶段教师相比，幼儿教师最大的特点就在于其教育对象的特殊性。0—6岁的幼儿，正处于生理、心理发育剧烈变化时期，他们开始形成表达能力、理解能力，开始对外界存在强烈的好奇与探究。基于此，幼儿教师的工作是以游戏活动为主，重视艺术教育，既有教育又有保育的综合性教育，可谓烦琐而繁重。因此，要切实加强对幼儿教师的师资培训，不断提升他们应对工作的能力、水平，以教师自身专业成长作为幼儿健康成长的保障。

2. 从幼儿师资培训形式来看

幼儿教师师资培训形式多种多样，包括理论讲授、观摩学习、案例分析、现场交流、学生互动、社会性实践等等。丰富多元的师资培训形式能够帮助幼儿教师更好地适应教育教学改革提出的新要求。接受师资培训后，幼儿教师能够进一步扩充新的教学内容，和同事交流实践教学经验，还能够利用新知识新思维对教育教学模式加以创新，从而全面提升教育教学实践活动质量，使之更为多彩、更具吸引力，更加容易被幼儿接受与喜爱。

当前，在师资培训中大力提倡园本培训，这是一种以幼儿园为本位的培训方式，其主要采用实践反思模式，能够立足幼儿园教学实际，提高幼儿教师的自主意识，变"要我培训"为"我要培训"，让幼儿教师真正利用好培训的力量，以培训的成果作用于教学实际，从而实现自身的专业成长。

3. 从幼儿教师师资培训效果来看

幼儿教师师资培训效果是较为显著的。通过参加培训，幼儿教师的专业知识、专业能力得到进一步深化，职前所获得的知识与技能得到相应更新。同时，因为幼儿教师在接受师资培训时已经具备一定实践经验，所以在学习理论知识时，能够更好将其应用于实践，实现理论与实践相结合，用理论知识分析实践问题。

在参加师资培训的过程中，幼儿教师还会接触到更为先进的教育思想，了解国内外学前教育前沿动态，更新自身教学理念、教学方法，从而更好地应对工作中的新挑战、新难题。

总而言之，通过加强师资培训，能够进一步提升幼儿教师职业素养，巩固他们的专业知识，增强他们的专业能力，全面提升教学水平，助推幼儿教师的专业成长。

二、幼儿教师对师资培训的现实需求

师资培训应当以幼儿教师为本，首先要考虑的就是幼儿教师的需求。包括对培训内容的需求、对培训形式的需求、对培训频率的需求、对培训者的需求、对培训时间的需求、对培训费用的需求、对培训考核方式的需求等等。在实践中，可以从正式需求评估和非正式需求评估两方面来了解上述需求情况。

（一）正式评估

评估可采用问卷调查法或访谈法进行。

问卷调查是通过发放问卷的形式，有目的、有系统地去搜集教师专业发展所需要培训的内容，借以发现在教育教学中存在的问题的研究方法。问卷的问题设计合理、教师如实回答，是问卷有效的保证。

在收集师资培训有关信息的时候，还可以通过访谈的方法进行。访谈主要包括多人面对面座谈、两人一对一交谈、电话或网络沟通等方式，注重与教师的具体交流，因而能够有效地了解到师资培训中教师具体需求，包括他们存在的问题和应当如何解决。在访谈的过程中，如果受访教师回答较为简短，不太完整，访谈者可以根据实际情况多加追问，以获得更多详细情况。

（二）非正式评估

对于教师来说，有些需求是在他的能力和视角注意不到的，或者是他在公开场合不愿表达的。在这种情况下，园长或管理者可以通过观察教师的日常教学活动或幼儿一日活动来了解。

在完成需求评估后，要对其进行整理。

1. 确认培训需求的依据

（1）建立在幼儿园自身发展上的长期规划基础上；

（2）教师的业务需求与自我评估；

（3）教学活动观察；

（4）研究成长档案、教学笔记等。

2. 在此基础上进行筛选

（1）怎样排列需求，才能解决当前的问题和长远的需求。

（2）这些问题哪些是观念的问题，哪些是技能、策略的问题，哪些是职业情感、职业道德的问题，这些问题既要归类，又要各方面都有所兼顾。

（3）园内、园外可利用的资源有哪些。

（4）采用什么样的方式更合适，更能让受训者接受。

（5）在什么时段进行培训更合理。

（6）需要准备哪些材料和信息。

（7）怎样检查培训的结果。

这些因素综合起来考虑，才能决定培训目的、内容、方式，有了这样的准备，后面的师资培训才能精准到位、行之有效，更好地满足幼儿教师的需求，起到应有的提升作用。

三、幼儿教师师资培训常见模式及其利弊

（一）知识传授模式

各类培训机构，如师范院校、教育学院、教师进修学校等，经常采用的培训模式即为"知识传授模式"。通常，培训机构会了解参加培训的幼儿教师的共性

需求，并据此选择、确定培训内容。

知识传授模式主要采取讲授的教学方法，具有培训权威性，可以在较短的时间内向众多参训者传递大量信息，培训效率较高，也有着较为经济的优势。

然而，知识传授模式往往以培训机构为中心，教师只是课程的"旁观者"，被动参与、被动接受，学习的主观能动性得不到充分发挥。同时，培训内容也存在过于注重理论知识、忽视教学实践的问题，存在过于整齐划一、无法实现因材施教的问题，故而难以对幼儿教师进行有针对性的指导，难以激发幼儿教师参与培训的热情与积极性。

（二）研训一体模式

研训一体模式既注重教研，也注重培训，它将教师专业发展目标与教育教学问题解决进行有机结合，在确定教师培训内容时坚持"以问题为中心"。参训者在解决问题的过程中积累经验，并进行反思，得到新的、长足的进步，从而实现自身专业发展。

研训一体有着鲜明的特点与优势。一方面，在教学内容上能够实现研训互补，"研"是以问题为出发点，以研究问题、解答问题为目的，"训"是注重幼儿教师主体的发展，在培训中不断提高教师素质。另一方面，在教学实效上，研中有训、训中促研，能够更好地实现理论与实践的结合，为教师在一线教学中解决问题、提供指引。

尽管研训一体模式贴近实践，得到幼儿教师的认同，但它自身也有着一定局限性。其一，在实际运用中，如果操作失当，在进行培训时很可能会从"理论至上"的误区走向"实践至上"的误区；其二，如果过于强调"为用而学"，培训就会失去系统性与前瞻性，尽管能够满足眼前幼儿教师的需求，解决部分难题，但却忽略了长远发展；其三，研训一体模式往往需要培训资源的支撑，如果资源准备不充分、配套政策不落实，培训的效果也会大打折扣。

（三）园本培训模式

园本培训是在校本培训的研究基础上发展起来的，是满足幼儿教师继续教育的需要，是师资培训的重要形式之一。园本培训主要在幼儿园内进行，以促进教师的专业发展为目标，以教育教学中的问题为根本，培训的内容主要围绕幼儿教师的专业发展而制订。其以幼儿园为培训基地，主要围绕着幼儿园与幼儿教师的发展需要，解决怎样发展，如何发展的问题。

培训重心的前移，培训自主权的下放，培训内需的被关注，成为园本培训模式的最主要特点。

但是实践中，园本培训模式也存在着一定问题，如缺乏专业引领者、培训方式方法具有不确定性等。同时，由于园本培训模式中培训环境较为单一，培训自主权又太过充分，很容易让园本培训陷入庄园式或家族式的封闭怪圈。并且，一旦园本培训的组织者或参与者出现心态失衡或心态疲软，也容易出现急功近利或流于形式的问题。

（四）网络培训模式

当今社会，科技迅猛发展，互联网也成为师资培训中不容忽视的新力量。网络培训能够缩短空间距离、打破时间限制，让幼儿教师能够随时随地获取新知识、掌握新技能，呈现灵活化的特点。

另一方面，网络培训中的培训资源内容丰富、形式多样，由专家学者和优秀教师合作共建，也由全体教师公平共享，既能够让更多的幼儿教师接受培训，也能够让他们享受更优质的培训内容，大大提升了培训的效率和质量。

当然，现今网络培训并不完善，培训内容多采用文字或图片的形式，通过人机进行互动交流，与其他培训模式相比缺少生动性、缺乏亲和力，在这种情况下，参训者的记忆效果也会相对弱化。同时，网络培训受到较多因素制约，它既需要一定的经济条件为保障，又需要一定的信息技术应用能力为支撑，还受到培训资源内容更新和培训系统完善程度的影响。如果这些条件不完备，那么培训效益也无从谈起。

上述培训模式有着各自的特点，具有不同的优势与局限性，分别在不同方面、不同场合促进着幼儿教师专业发展。因此，在开展师资培训时，要注重培训模式的多元性，避免陷入单一化的误区。

四、师资培训存在的问题分析

（一）培训机会失衡，时间安排不合理

在目前的幼儿教师职后培训中，公办幼儿园教师比例远大于民办幼儿园，示范性幼儿园人数大于未评级幼儿园。在同一所幼儿园中，不同层次的幼儿园教师获得职后培训的机会也大不一样，往往是幼儿园园长或骨干教师有更多机会去参与职后培训尤其是高级别的培训。此外，很多幼儿园领导将培训时间安排在周末，

幼儿教师表示连续工作五天再去接受两天的培训，身心俱疲，很难得到较好的培训效果。此外，很多培训周期相对较短，幼儿教师没有充分的时间去消化吸收培训所学习到的内容，往往有"囫囵吞枣"之感。

（二）培训内容缺乏针对性，难以满足幼儿教师需求

职后培训实效的重要依据之一就是培训内容的选择，它是幼儿教师通过职后培训所接受到的最直接的内容。目前幼儿园教师参加的职后培训内容针对性不强，对于不同教龄的幼儿教师，职后培训的需求存在很大差异。年轻教师更愿意学习能够快速提升教育实践能力且操作性较强的学习内容，如"教学活动的设计""游戏活动的指导""家园沟通的技巧"等内容；而工作多年教学经验比较丰富的教师则倾向于"学前教育教学理念""儿童发展心理学"等理论性内容，而目前的职后培训则缺少有针对性的分层培训。此外，幼儿教师急需学习的如"幼儿行为观察与分析""学前教育研究方法"等培训内容较少。目前职后培训内容往往由培训者决定，幼儿教师缺少选择培训内容的机会。

（三）培训形式单一，缺乏灵活性

职后培训形式是将培训内容呈现给参加培训教师的表达方式，丰富、多元的培训形式有助于实现培训目的，增强培训的实效性。目前普遍存在的问题是职后培训形式比较单调，培训者基本采用传统的灌输式的授课形式，呈现形式大多数是专家讲座，幼儿教师集中统一培训，在这种培训形式中，幼儿教师的主体性往往容易被忽视，传统的职后培训使得幼儿教师缺乏有效的教学互动与多维的操作实践，学习比较被动。幼儿教师更希望参与优质幼儿园考察观摩、听优质公开课、进行案例讨论与分析等培训形式较少。总体而言，职后培训形式较为单一，缺乏灵活性。

（四）培训缺乏有效的管理与评价机制

职后培训需要有效的管理与支持，这样才能保障培训工作有序开展并高效完成，目前，很多培训单位和幼儿园都缺乏明确的培训管理制度。为了检验参加培训教师的学习成果，必须设计科学的培训考核方式，在培训过程中以及结束后评价幼儿教师的学习成果，系统评估培训的实效性。在培训过程中进行科学的考核能关注到幼儿教师的实际表现、学习需求与培训建议，从而使得培训的各项设置愈发科学高效，进而加速幼儿教师的专业成长。但是从目前的幼儿教师职后培训来看，缺乏完整的培训评价体系，往往只关注结果，缺少过程评价；培训评估不

够客观，只注重表面成效，缺乏完善的培训跟踪指导机制。很多幼儿教师认为，她们参与的职后培训往往没有实质性的考核与评价，只是上交几篇学习心得即可，有些培训甚至只关注教师的出勤率，无任何评价考核。这样的考核方式往往流于形式，没有实际意义，不能反映出幼儿教师参与培训的实际掌握情况。幼儿教师在培训过程中没有接受动态的指导与反馈，培训缺乏过程性考核与评价。

五、师资培训的提升策略

（一）转变培训目标

培训目标应从学历提高向能力提高发展。在确定培训目标时，不能只注重于提高幼儿教师学历，而应触及核心本质，即提高幼儿教师专业能力，这就需要双管齐下。一方面，要对学历教育进行强化，使幼儿教师逐步积累基础知识、基础理论，逐渐提升实践技能，进一步拓宽他们的视野。另一方面，在师资培训中，也要着重改进幼儿教师的专业技能、教学方法等，使其在理论水平上进一步提升，在教学技能和教学实践上进一步突破，从而全面助推幼儿教师专业发展。

（二）甄选培训内容

培训内容是培训的核心，内容选择会直接影响培训目的和意图的达成情况。为了提升职后培训效果，需要丰富职后培训内容，形成特征鲜明的培训课程体系。

在培训内容的呈现频率与具体安排上，应该与教师自身的专业成长需求相符合，一要关注生育政策的相关内容，包括其提出的背景、目的和意义，对教育、学前教育的影响，对幼儿园、幼儿教师的影响及带来的挑战等；二要重点分析新的政策背景下幼儿教师面对的具体问题，包括其对幼儿教师专业知识的新要求及相应的应对方法；三要不断更新不同出生次序、不同年龄阶段幼儿的身心发展特点和需求等相关知识，包括心理、情绪和问题行为的方法及相应对策。四要突出幼儿教师普遍关注的幼儿教育教学热点，如幼儿园五大领域活动设计与组织、儿童行为与观察、学前教育研究方法、幼儿身心发展知识、学前教育理论知识、教师理念与师德修养、学前教育相关政策等知识。

同时，从一线教师的需求中发现，她们对于"实践性"学习内容的需求往往大于"理论性"的内容，因此，在选择培训内容时，不能只局限于传统的知识、理论和普通教育法规方面，而应更加注重实践技能，注重幼儿教师整体素质的提升。培训内容要改变传统的纯学科知识、教育理论的学习模式，向实践性较强、多样性、综合化的培训内容转变。此外，要尽量避免出现培训内容过于单一的现象，培训内容要突出幼儿园不同岗位的特点，进而提升培训内容的针对性。要立足幼儿教师实际教学情况和不同需求，对培训内容进行细化、深化，分类别、有针对性地制订培训方案。构建内容丰富、特色鲜明的培训课程体系不但能够提升幼儿教师的专业素质与个人能力，对园所的整体发展也大有裨益。

（三）丰富培训方式

培训方式在一定程度上会影响培训的效果，需采用灵活多样、有针对性的培训方式，实现取长补短、整体优化，进而达到培训目的。

在参与传统的讲授式培训时，幼儿教师往往存在主动性不足，缺乏自身思考等问题。并且由于教师们各自专业发展情况不同、水平不同，参加讲授式培训时获得的效果也是参差不齐，有的收获颇多，有的则收效甚微。

为解决这一问题，师资培训应当从讲授式向多样化转变，一方面，根据参训对象不同的专业素养水平、不同的专业发展阶段、不同的专业成长需求选择不同的培训方式，做到因材施教、因园施策。例如，可以通过召开研讨会、交流会的方式，培训那些具有较高理论水平、较强实践技能的骨干教师；通过直接培训的方式，启发、引导那些接受能力强，有着扎实理论基础的教师；而对于那些基础较为薄弱，专业能力存在欠缺教师，也可以采取参观考察、沟通交流的方式，帮助他们更好地实现初步发展。另一方面，针对不同的内容和目的，培训可交替采用专家讲授、亲身实践等形式促进幼儿教师专业知识的提升。例如，专家讲授更具权威性，讲述内容更加具体，更适合用于介绍与幼儿相关的理论知识；而对应对幼儿情绪、问题行为的策略等方面的培训则更适合采用参观示范园、同行交流等实践类的培训。

同时，在培训过程中可以定期开展专题学习。专题学习是指在自身知识不完善的基础上，有指向性、系统地进行学习，具有凝聚性、探究性、开放性、综合性和实践性的特点，开展专题学习有利于幼儿教师克服知识的片面化和简单化，帮助幼儿教师对知识进行整合。例如，学习开展五大领域教学活动时因材施教的策略方法等知识，进而帮助幼儿教师更好地实施教育教学活动，促进幼儿健康成长。但是，因为专题学习的关联性很强，所以专题学习应从最基本的知识出发，如了解生育政策的具体内容等。

总而言之，多样化的培训形式可以满足不同水平幼儿教师专业发展的需要，丰富的培训形式能调动幼儿教师的学习兴趣，加强幼儿教师的学习内驱力，这样才能真正提高幼儿教师培训的效率，促进其更好的专业成长。在培训过程中，要改变传统的以专家讲座为主的培训形式，增加师徒结对学习模式。多为幼儿教师提供外出考察学习的机会，要理论联系实际，引导教师在优质公开课中运用教育理论对实践案例进行讨论与反思。要想提高培训效率，就要创新多样化的培训方式，将参观观摩式、实践操作式、案例分析式、专题研讨式、讲授式等培训形式综合起来，形成一个理论与实践相结合的职后培训体系。在有效的培训过程中，幼儿教师能更加强化职业道德、深化专业知识、提高专业技能。

（四）增加培训机会

为了增加幼儿教师职后培训的机会，政府部门以及相关培训负责单位首先要增加职后培训的类型，如幼儿园园长培训、幼儿骨干教师培训、新教师培训和转岗教师培训等。其次要丰富职后培训的层次，包括国家级培训、省级培训、地市级培训、区县级培训和园本培训。对每一位在职教师，幼儿园要给予公平的培训机会，及时为他们传递新知识与新理念。此外，还要充分考虑不同性质、不同等级的幼儿园教师的不同需求，尤其要关注城市与农村幼儿教师之间的需求，要从实际出发，考虑农村幼儿教师专业发展的现实水平，满足不同层次、不同水平幼儿教师差异化的需求。例如，强化分层师资培训，对未取得教师资格证的教师、村级或非专业教师进行有针对性的培训，对新手型教师、成熟型教师和专家型教师进行或基础、或发展、或深化的内容培训；再如，强化分类培训，立足幼儿园教师、幼儿园园长、幼儿园管理人员工作需要，分别制订不同培训方案。

（五）注重入职培训

幼儿教师踏入工作岗位后，会面对各种各样的问题，有些问题能够通过职前接受的教育、习得的知识解决，有些问题却因为缺乏实践经验，导致束手无策。因此，加强幼儿教师的入职教育培训是十分必要的。有效的入职教育培训能够更好地帮助新手幼儿教师度过工作适应期，使其更快地掌握教育教学工作中需要的基础知识、基本技能，解决遭遇的困难与问题，减轻心理上的压力与挫败感。接受入职教育培训后，新手幼儿教师能够拥有较强的自信心，以更为饱满的热情投入到幼儿教育工作中去，在自身专业发展道路上迈出坚实有力的第一步。

（六）营造良好环境

1. 制订科学的幼儿师资培训政策

师资培训的顺利开展需要科学的政策为保障。各级政府和教育部门要从当地幼儿教师专业发展情况出发，并充分借鉴国内外相关经验，制订科学、合理的政策，更好地发挥引领作用，指导培训机构制订更为完善的培训制度、培训目标、培训内容等，从而建立高水平、专业化、覆盖广泛且成效显著的培训体系，进一步促进我国幼儿教师专业发展，提供坚实保障。

2. 完善幼儿师资培训组织工作

开展师资培训过程中，每个环节都需要组织，如果组织有序、得当，培训便能事半功倍；但如果组织失序、涣散，那么培训质量就得不到保证。因此，要进一步加强幼儿师资培训组织工作，做到合理安排培训时间、稳妥把控培训规模、灵活实行考核办法等，让幼儿教师能够全身心投入培训，收获更好的培训效果。以合理安排培训时间为例，应尽量将培训安排在寒暑假期间，将短期培训与长期学习相融合，实现劳逸结合。

3. 优化幼儿师资培训环境

良好的幼儿师资培训环境需要全社会共建，特别是政府和教育部门，要积极发挥作用，加大对师资培训的投入，为幼儿教师的学习进修创造更好的条件，使其远离后顾之忧，更为积极主动地参与培训。

园所也要大力支持幼儿教师培训，如安排幼儿教师外出学习、安排幼儿教师观摩示范园、与其他幼儿教师交流学习保育教育等。园所还可以组织开展师徒结对等合作学习的形式，通过专家型幼儿教师带新手型幼儿教师互帮互助、共同学习的方式，实现促进新手型幼儿教师成长、强化专家型幼儿教师教学经验的目的。此外，园所还可以发挥园本文化的引领作用，开展园本研讨，促进幼儿教师专业成长，争取让每名幼儿教师都能在浓郁的文化氛围中提升专业知识，提高文化素养。

（七）加强管理机制建设

为了加强职后培训的规范性，建立完善的培训管理体系很有必要。幼儿教师职后培训的重点是对培训过程进行监督，对培训成效进行后续跟进。政府需要发挥主导作用来建构幼儿教师职后培训评估机制，对于幼儿教师培训单位要建立一套系统的监督和评估体系。

此外，还应完善相关的法律法规，保障幼儿教师参与职后培训的权利。避免形式化的幼儿教师职后培训，建立系统化、制度化的幼儿教师培训体制才能真正提高职后培训的实效性。后期考核追踪关注的是幼儿教师接受完培训的所学所得。如果缺少对职后培训进一步的支持与追踪，将会影响职后培训效果。

因此，建立并逐步完善科学合理的幼儿教师职后培训评价体系才能有效指导职后培训工作。职后培训的考核方式是对幼儿教师学习成果的检验，只有科学有效的职后培训考核方式，才能反映出幼儿教师培训的学习状况和真实效果，动态的过程性评价与阶段性的总结性评价相结合才能对培训目标、培训内容以及培训方式设置是否合理有正确的反馈。每一阶段培训结束后，可以通过自评、组评、园评的方式对参加培训的教师进行评价，指出其进步之处和不足之处，将职后培训的作用发挥到最大，使幼儿教师真正在专业知识、专业能力、专业情感三方面上得到综合提升，提高个人教书育人的能力，进而提高自我效能感，在专业发展上实现新的突破。

第三节 课程开发

一、园本课程开发内涵

（一）园本课程含义

园本课程旨在从园所内部具体的教学实践问题出发，通过全体教师的共同努力，并在专家的引领和指导下，达到解决困扰性的问题，提高教育教学质量的目的，最终提升教师专业成长的水平；幼儿园教师成为园本课程开发的主体，园所本身是课程开发的主阵地，教师通过教学探索，将先进的理念付诸实践，以此为依托来促进教师的专业成长，它能够锻炼教师的教学反思能力和提高教育教学研究能力，使教师具有发展的内生力；园本课程鼓励和吸纳来自学生、家长和社会人士共同参与及支持，课程的编制、实施和评价是一个持续、动态和不断完善的过程。

（二）园本课程开发含义

园本课程开发具体指的是教师通过对幼儿园内部及外部的相关资源进行挖掘开发，从而对幼儿园的整体课程进行改进完善的过程。

换言之，就是幼儿园按照自身内部及外部的实际条件，结合幼儿园附近的社会环境，鼓励幼儿园教师对周围的课程资源进行全面、深入的开发利用，从而有效设置幼儿园的园本课程。此过程将幼儿园作为开展基地，通过幼儿家长、幼儿园教师、社区以及幼儿的积极参与来实现园本课程的高效开发及利用。

（三）园本课程开发的重要性

随着基础教育课程改革的不断深化，科学的教育观念逐渐深入人心，幼儿的个性发展也越来越被人们所重视。一方面，由于幼儿原有经验水平不同，面向全体幼儿的普适性的课程已经很难适应幼儿的个性发展。而园本课程是以幼儿生活环境为条件，从幼儿的兴趣、需求出发构建的课程。相比普适性课程，园本课程更关注幼儿的个性差异。另一方面，不同地区的发展水平、区域文化是不同的，所以幼儿园的课程不能是普遍适用的，每所幼儿园都要结合周边可利用的课程资源改造自己的课程，从幼儿园实际条件出发构建有意义的课程，只有这样才能提升学前教育的质量，才能推动幼儿教育科学化和民主化进程。

二、园本课程开发与教师专业发展的关系

（一）园本课程开发是幼儿教师专业发展的重要途径

促进幼儿教师专业发展的途径包括参加园本教研、观摩教学活动、外出培训、自我指导和反思等，其中园本课程开发是最有效途径。园本课程开发需要幼儿教师以科研意识去研究课程，教材，教法，环境和幼儿，结合教学实践经验进行课程开发。教师将习得新的教育知识、掌握新的教育技能、探讨新的教育理念、总结新的教育经验。他们的专业知识、专业技能和专业情意在这个过程中得到丰富和深化，使自己逐渐发展成为研究型的教师。

从宏观层面上，教师在参与园本课程的过程中会获得更多的专业自主权，同时为教师成为研究者奠定了一定的基础。从微观层面上，参与园本课程开发可以激发教师的专业动机、促进教师的专业信念。教师参与园本课程开发过程中会参与园本课程目标的制订、方案的设计、实施及评价等具体的活动流程。在此过程中会增强教师对教育及课程的理解，并且教师在园本课程开发中基于各自的问题进行合作与交流，在其中形成的合作氛围，有助于促进教师对幼儿园的归属感。同时，教师参与园本课程开发的整个过程，对教师的思维方式、知识体系及工作方式都会有不同影响，从而促进教师自身的专业发展。

1. 改变幼儿教师课程意识

在我国由于教师理论的匮乏和体制方面的原因，当前教师普遍缺乏课程意识。长期以来，他们不自觉的形成了这样预设：(1)课程的编制是专家的事，教师要考虑的是如何教，而不是教什么；(2)课程是一种固定的文本模式，课程的实施

是文本复现的过程；（3）教学活动的过程是类似于技术人员的操作过程。这样的预设导致教师在课程方面甘愿无所作为。

课程开发的主体不仅是课程专家，还涉及更多人员，更是幼儿教师本身。现在我国倡导的三级课程管理制度使课程开发权利下放到地方和幼儿园，这要求幼儿教师在从教生涯中重新理解课程意识。园本课程开发能够使幼儿教师树立科学的、开放的、民主的课程意识。"科学"主要是指，园本课程是幼儿的课程，由于幼儿的世界和成人世界的不同，所以园本课程的设计不能从成人的标准出发，课程必须回归幼儿世界，适应本园幼儿的发展需要，让幼儿获得成功感。而"开放"一方面是指课程不仅仅是教育部门的事，而且是社会的事，园本课程开发需要关心教育事业的社会公民参与和支持；另一方面，园本课程是在实施中不断修改的过程，这决定了它的开放性。"民主"则是指在整个课程决策和编制过程中不是单方力量决定的，应该是交互式对话式的，所有参与人员共同决策的过程。

2. 拓展幼儿教师专业知识

幼儿教师的专业发展离不开实际教育教学活动，如果单独抛开教学活动去谈幼儿教师的专业发展，那它就违背了发展的基础。园本课程是以幼儿园为场所开展的教学活动，在园本课程开发中促使幼儿教师的专业知识得到拓展，是促进幼儿教师专业发展的有效途径。幼儿教师的专业知识是指在教学情境中，所具有的解决问题的必备知识。必备的专业知识是从事幼儿园的教学工作前提和基础。

通过园本课程开发，幼儿教师的专业知识首先在量上得到积累，幼儿教师在园本课程开发中会学习和接触到课程开发理论知识、幼儿心理方面知识和其他学科知识。这使幼儿教师更新和扩充了自己的知识范围；其次在质上得到深化，园本课程开发是幼儿教师对知识理解和吸收的基础上进行批判和创新的过程，这做到了对知识进行质的深化；最后可以优化幼儿教师的知识结构。幼儿教师参与园本课程开发，这需要教师在以掌握知识的基础上，具有课程理论知识和课程开发的编制技巧。教师只有掌握课程开发的技能，了解园本课程的知识，才能更好地进行课程开发，而这一过程必然导致幼儿教师重组知识结构。

3. 提高幼儿教师专业技能

幼儿教师的专业技能是指为了完成教学任务，在教育教学活动过程中所必备的理论知识和教学经验。园本课程开发确立幼儿教师专业自主的地位，使他们课程开发的能力、交流合作的能力等都得到提高。

（1）增强课程开发能力

我国的幼儿教师普遍缺少相应的课程理论知识和培训，对教师的培训是为了完成和改善教学，而不是关于课程开发。而且，我国的自上而下的幼儿园教育体制促成幼儿教师是课程的接受者和执行者，教师没有义务对教材的编写反馈意见和改编教材。这直接导致幼儿教师擅长教学活动过程的设计，不擅长自己选择教学内容，缺少开发课程的意识和能力。而园本课程开发整个流程都需要幼儿教师的参与，从课程目标的制订、到园本课程的评价一系列活动中，提高幼儿教师的综合能力，包括对课程教学内容的选择能力、对课程评价能力等。

（2）增强教师间的合作和交往能力

幼儿教师的职业特点决定着幼儿教师靠自己的能力去处理本班课堂教学活动中的问题，而每班幼儿的实际情况不同导致幼儿教师无法获取其他老师的帮助。这导致大部分的教学活动都是孤立进行的。园本课程开发使幼儿教师以整个幼儿园为整体，在合作中开发园本课程。这就要求教师彼此听取现场教学，互相讨论教学活动，互相学习借鉴，互相批评和指正，共同研究现有课程存在的问题，共同制订解决方案。幼儿教师在这过程中加大了合作和交往。

（3）增强教师的反思和科研研究能力

园本课程开发中对幼儿教师的界定是研究者角色。首先，倡导幼儿教师研究本班幼儿，研究他们的学习需要和兴趣，研究每名幼儿的个体差异；其次幼儿教师要研究现有的教材，分析教材是否能够促进本园幼儿的全面发展，教材内容安排是否得当。园本课程开发需要幼儿教师以研究者的身份进行教育教学，在实践活动中总结经验，反思教学，进行行动研究，从中发现存在的问题，运用自己的专业知识解决问题，增强了幼儿教师的反思和科研能力，幼儿教师参与园本课程开发的过程就是促进幼儿教师专业技能发展的过程。

4. 提升幼儿教师专业情意

幼儿教师在园本课程开发中会体验和感悟到新的教育思想，使他们重新构建自己课程观。幼儿教师在园本课程目标制订、内容的设计与实施、教学活动的评价过程中都形成了自己的看法。园本课程开发的出发点是为了幼儿，充分考虑每一名幼儿的兴趣、需要、爱好和个性。意识到幼儿也是课程的实践者、参与者，幼儿在园本课程中也拥有主体地位。通过园本课程，幼儿教师勇于探索，接受新事物，他们的价值观念，思维模式以及关于教育理念和想法得到不断的翻新。专业情意得到提升，尊重幼儿的发展，对幼儿的发展负责，一切为了每名幼儿的发展。

在幼儿园的园本课程开发中，幼儿教师通过参与课堂教学活动、处理实践问题，体验新的课程理念，充分发挥了自己主观能动性，敢于尝试和探索新的教学理念和内容，教师的思维方式和价值观也通过园本课程不断更新，构建了新的教学观、幼儿观。他们对课程有了自己的认识和观点,自己不再是传统的教书匠,而是课程课程的开发者、制订者、实施者、参与者和评价者;他们不再是课程的控制者和操纵者,而是组织者和激发者,在课堂活动中,师幼互相倾听、互相尊重,为幼儿营造一个充分展示自我、自主探索和主动创造的平台;他们制订的园本课程会从幼儿的实际出发,从本幼儿园的实际出发,宗旨是为了每一名幼儿的发展;同时他们也感受到自己在园本课程开发中的成长,他们的自我效能感和满意度增加。

(二)幼儿教师的专业发展能够提升园本课程开发的质量和水平

《纲要》中指出:城乡各类幼儿园要从实际出发,为幼儿实施素质教育,促进幼儿的发展。幼儿园逐渐具有了课程开发与管理的权力,可以根据本地区、本园及幼儿的特点来进行课程开发,以此为幼儿的全面发展提供保障。作为课程开发的主体,幼儿教师则被赋予了更多的权力。在新课程改革的课程背景下,对现代教师的角色也有了新的定义,教师应该是课程建设者、开发者及执行者等多元角色的主体。《纲要》中也指出:教师要根据本地、本园的实际情况出发,并结合所在班级的情况,制订切合实际的工作计划并灵活执行落实,进一步明确了教师在园本课程开发中的重要作用。

幼儿教师是保证课程开发成功的前提,决定着园本课程成败的一个重要因素。主要体现在幼儿教师专业素养提高的过程,也是丰富和提高了他们对课程的开发能力,对教学实践的反思能力的过程。幼儿教师的专业发展是园本课程开发中不可忽视的重要因素,正是因为有了教师的支持,才能保证园本课程的有效进行。

1. 加强对园本课程内涵的了解

园本课程发起于幼儿园,实施于幼儿园,以满足幼儿的需要为出发点,充分考虑本园幼儿的实际情况,有机整合幼儿园、当地的课程资源。园本课程开发是对国家统一课程的补充,既照顾本园的特色,又不与国家课程相违背;既要有服从全局的觉悟,又要有突出自我的意识。为此,必须对幼儿园的实际情况有全方位的了解,掌握各种课程资源信息,斟酌参与人员的意见和建议。从现实角度考虑,只有从事育儿工作的一线教师,才具备此项工作的条件和资格。一方面,没有谁会比本班教师更了解幼儿的个性特点、兴趣爱好;另一方面,园本课程开发达到的效果是要体现在幼儿的发展上,没有谁会比幼儿教师还能更早发现幼儿这种变化。因此,保证园本课程开发的成功进行,离不开幼儿教师,而他们在园本课程中的主体地位是其他人员不能替代的。

2. 加强对园本课程内容的理解

课程的内容承载着园本课程开发的目的和理念。按照园本课程开发活动的具体方式，可以分为：（1）课程选择：这是园本课程开发的起初活动，幼儿教师要从五大领域的课程中选出最适宜的可以付诸实施的园本课程。保证此项活动顺利完成的重要条件是幼儿教师有选择的权利和选择空间。（2）课程改编：是指幼儿教师为了适应幼儿园实际情况和幼儿的发展，将选择的课程进行修改。教师并不是随意改编课程内容，而是要考虑目标、课程内容、幼儿经验等因素，对选择的课程做适当调整。（3）课程整合：是指在同一主题的基础上，将不同领域活动有机糅合为一个整体，为幼儿提供一个多种感官参与、多种途径感知的课程内容。（4）课程拓展：是为了更大地挖掘隐形课程，挖掘幼儿的潜能而开展的活动。课程拓展的内容要满足幼儿发展的需要。（5）课程新编，这类课程内容指幼儿教师没有现有的课程资料可以依赖，自主开发全新的课程内容。也是园本课程开发中最难的。可见，在课程内容的编制上对幼儿教师的专业发展水平要求很高。

3. 加强对园本课程程序的掌握

园本课程开发的程序是指幼儿园开发园本课程所需的活动步骤和进程，它是一个持续性的动态过程，不是一个固定的、一成不变的步骤。本研究认为园本课程开发的实施程序的步骤为：分析现状—制定目标—编制教案—实施教学—评价重建。这五个步骤，幼儿教师可以从任何一个为开端，也可以几个步骤同时进行。园本课程开发的程序重复而烦琐，幼儿教师必须掌握园本工作的重点，并根据幼儿园的情况做出恰当的决定，灵活调整课程程序。园本课程开发是旨在解决满足幼儿发展需要的课程问题，而不是为开发而开发，片面追求教育时尚。在分析现状中，幼儿教师需要分析幼儿、幼儿园和外界提供的资源和限制因素，综合考虑后制订园本课程目标，然后编制教案实施教学，通过客观评价和追踪调查了解实施结果，和预设目标相比较，发现问题，重新调整设计方案。在每一个步骤中幼儿教师是最能够澄清园本课程的问题性质的人员，是最了解课程开发的要旨的人员，肯定是幼儿教师并且只能是幼儿教师。

三、课程开发中幼儿教师专业发展存在问题及原因分析

（一）教师对园本课程开发的认识有待提升

课程认识是教师对课程的基本认识，是进行课程设计与实施的基本前提，是人们在思考课程问题时对课程意义的自觉性与敏感性程度。课程认识是一种态度，

一种课程认知，影响教师在课程实践中的行为。教师对园本课程开发的内涵、参与的价值及参与主体等的正确的课程认识，是影响教师走向园本课程开发实践的关键因素。但是，现实中，幼儿教师对园本课程开发的内涵存在认识不够充分，主体意识不足等问题。

1. 教师对园本课程开发的内涵认识不够充分

部分幼儿园教师将园本课程开发简单理解为开发主体活动、开展特色课程，这其实是对它们的内涵有所混淆。有的幼儿园将主题教育活动与园本课程开发结合起来，开发出属于自己的有园本特色的主题教育活动，这样的主题教学活动可以看作是幼儿园的园本课程，但是在内涵上还是有所差别的，主题教学活动是以"主题"为主开展的一系列教学活动；而园本课程是以"园"为本的课程，包括课程的设计、实施及评价等一系列的过程。园本课程开发并不是都是以主题教学活动的方式呈现的。具有特色的幼儿园是园所追求的共同目标，所以越来越多的幼儿园开设一些英语、艺术类、阅读等的特色课程。但是特色课程并不一定是适合每个幼儿园，只有在适合本园的基础上所开发课程的过程才属于园本课程开发，所以园本课程并不等于特色课程。特色是在适合的基础上逐渐发展起来的，在适合幼儿园实际情况下发展起来的园本课程，所以幼儿园要注重追求适合幼儿园的课程，而不是追求所谓的"特色"。

还有部分教师将园本课程开发视为改编或编写教材。有的教师认为在园内形成的文字性的成体系的教材就是园本课程开发，这在认识上存在一定的偏差。在园本课程开发的过程中包含着课程理念、目标、内容等一系列的开发步骤，而且又分别有各个年龄阶段的实施方案，所以肯定会形成一些文字性的资料及成套的教材来供本园来使用，因此很多教师会片面地将园本课程开发视为编写教材。

2. 教师参与园本课程开发的主体意识不足

从课程实施的角度看，课程是师生在特定的社会文化环境下重新建构意义结构的过程，如果没有师生对课程的创造，没有各自的主体意识的发挥，课程的发展价值就会大大降低。教师的课程主体性体现在教师是课程的开发者和创造者，学生的课程主体性体现在学生是课堂的学习主体。教师园本课程开发的主体意识指教师认识到自己是园本课程的主体，能够自觉、主动地承担起开发园本课程的职责，积极地参与到园本课程开发中去。所以教师园本课程开发的主体意识与开发出来的园本课程的质量有直接关系。很多幼儿教师没有认识到自己课程开发主题的角色，将园内领导、教研人员或课程专家视为园本课程开发的主体，教师的园本课程开发的主体意识有待进一步加强提升。

总之，课程意识是园本课程开发中幼儿教师专业发展的生长点，也是保证园本课程开发的前提条件。意识引导教学活动，它在一定程度上决定园本课程开发的效果。而诸如对园本课程开发的认识不够全面、对课程开发的内涵和程序理解模糊等问题，最终会导致一些具有教育潜能的课程资源没有被发掘出来，不能应用到园本课程中，造成资源浪费。

造成幼儿教师课程意识淡薄的主要原因是缺少课程理论知识和实践培训。

（二）教师参与园本课程开发的程度和能力有待提高

幼儿教师在园本课程开发过程中存在能力偏低的问题。教师的课程开发知识结构，专业技能都有待提高。

出现这种现象的原因主要是因为幼儿教师的受教育方式，他们获得教育主要有职前教育和在职培训两种形式。职前教育主要指师范教育，重在培养师范生的基本理论知识、培养他们的基本技能，比如唱歌、舞蹈、钢琴、简笔画等。偏重于理论，而怎样开展课程活动、设计课程教学并没有过多的涉及。这种教育形式导致只能培养出知识的传授者，在园本课程开发中缺少创新性精神，难以胜任园本课程开发重任。在对幼儿教师进行在职培训时，把重心也放在提高教师的专业知识和技能上，即使理论联系实际，给予幼儿教师指导，但是培训的内容往往比较浅显，幼儿教师很难形成系统的教育观和课程观。这些旧有的教育体制是导致幼儿教师教育素养偏低的主要原因，这难以满足园本课程开发对幼儿教师提出的要求，不仅影响园本课程开发的质量和水平，也影响幼儿教师的专业发展。

1. 教师全程参与园本课程开发的程度较低

教师在参与园本课程开发中应该是全程参与，参与园本课程开发的各个阶段，包括参与现状评估、目标制订、设计方案、实施及评价课程等过程。课程开发的过程实质是课程设计和课程实施统一的过程，课程设计不只是呈现客观知识，是课程专家、教师等根据一定的观念提供课程文本，为学生创造学习机会的过程；课程实施也不是忠实地传递知识的过程，是师生在具体情境中进行对话、建构意义的过程。所以在课程开发中既需要教师参与课程设计，也需要教师参与课程实施，需要教师参与课程开发的全过程。

然而很多教师认为，自己在园本课程开发中的主要任务是完成一些像设计教学方案、进行课程实施等实践性较强的工作，而对于课程目标、课程评价、园所的现状评估等工作则参与的较少，这些任务的课程决策权大多还是掌握在园所领导及教研人员的手中。可见，教师缺乏全程参与园本课程开发的意识与实践行为，不能认识到参与园本课程开发的各个环节之间的联系和价值。

2.教师参与园本课程开发的知识与能力不足

（1）在制订园本课程目标时，教师缺乏理论知识

园本课程目标是对学生在学习之后应该达到的程度的预设，课程目标在整个课程设计中起着导向的作用。所以在制订园本课程目标时要有合理性及科学性。很多幼儿教师虽然认识到在制订园本课程目标的时候要依据《指南》《纲要》等文件来制订，但是自身对这些文件的解读和理解程度不够，所以在制定目标的时候还是倾向于在网上搜一些目标。有的教师因为自身缺乏课程理论及幼儿身心发展的理论知识，所以在制订园本课程开发目标时缺乏一定的科学性，教师习惯于从网上搜集一些"普遍性目标"，容易受日常经验的影响，具有一定的随意性。

（2）在设计园本课程内容时，教师进行"原创性"的能力不高

"原创性"活动对教师课程素养的要求比较高，除了要求教师了解幼儿的身心发展水平，还需要教师具备关于课程的知识技能。但是《幼儿园课程》这门课程在2000年左右才开始系统教授，所以有的幼儿园教师根本没有系统地学习过这门课，还有的教师对这门课程的学习得不深入，因此很多幼儿园教师缺乏关于课程方面的知识。而且要进行"原创性"活动，需要教师自己设计活动目标、设计活动方案等，这些活动都需要教师具备较高的幼儿园活动设计的能力。

（3）在开发园本课程资源时，教师开发利用水平较低

进行园本课程开发时应该综合开发利用园内和园外的课程资源，而教师在设计园本课程时主要是对园内的这些器械进行开发利用，对于园外课程资源利用较少。其实，园外的公共图书、科技馆等社会性资源和中华民族优秀传统文化等资源都十分丰富，这些课程资源的开发可以为幼儿提供更好的学习环境，促进幼儿的良好品质的形成发展。因此幼儿园在进行园本课程资源开发时也应该将社区资源、自然资源和幼儿家长等园外课程资源和园内的资源进行整合利用。

同时，很多幼儿教师对课程资源仅限于表面形式的利用，没有进行深入的挖掘，具有很大的局限性。

（4）在进行园本课程评价时，教师缺乏课程评价意识

园本课程不是外在于幼儿园，而是幼儿园的办园理念与家长、学生的需求等发展背景的有机融合，园本课程也不是外在于教学，而是课程与教学统一的融合体。进行园本课程开发，既需要教师进行课程设计及课程实施，还需要教师进行课程评价来不断地改进课程。课程评价是对开发的园本课程的质量进行监控的过

程。因此，园本课程评价应该贯穿于园本课程开发的全过程。教师作为园本课程开发的实践主体，也应该是评价主体，应该具有园本课程评价意识。但是，当前幼儿教师对园本课程的评价意识较弱，主要是对园本课程实施进行简单评价，欠缺对园本课程开发的其他流程的评价。

（三）教师参与园本课程开发的合作文化有待加强

教师的专业发展从根本上有赖于教师个人的、自主而内在的努力，但外在的有效相互交流、学习也是促进专业发展的重要因素。园本课程方案的设计、组织实施等处于不断的探索阶段，教师对园本课程的理解以及实施的行为等，都需要参与者相互的交流、探究，以保持园本课程的理想方向。哈格里夫斯对教师的文化分为四种形式:（1）个人主义文化;（2）派别主义文化;（3）自然合作的文化;（4）人为合作文化。(4) 人为合作文化。自然合作文化是一种理想的有效促进教师发展的教师文化，并且将教师的发展与幼儿园的发展结合起来。因为自然合作文化是各位教师在日常专业生活中自然而然生成的一种相互开放、信赖、支援性的同事关系，教师面对课程、教育中的问题不应是恐惧和相互指责，而应是共同面对、共同商讨。园本课程开发中必定会出现各种各样预料不到的问题，而问题的解决有赖于教师之间的合作，同事之间共同厘清课程价值、审思教育行为并宽容细节上出现的不一致。

为了促进园本课程的开发、幼儿教师在园本课程中的发展，幼儿园应该开展更多的跨领域、跨班级的交流活动，让每位幼儿教师从中学习；还应开展各种合作的活动，增加同事之间的感情，促使教师更真诚地交流、沟通，最终实现幼儿教师专业发展与课程的发展有机结合。

（四）教师参与园本课程开发的外部支持力量欠缺

1.园所对教师的奖励机制有待进一步完善

很多幼儿园仍然奉行"布置任务"的传统管理理念，没有建立合理的奖励机制。

相应的激励机制能够提升幼儿教师参与园本课程开发的热情，也是促进幼儿教师专业发展的一种动力。首先它能够调动幼儿教师参与园本课程开发的积极性，个体在改造客观世界的时候也改造自己主观的认识，幼儿教师在园本课程开发中会渐渐改变自己对园本课程开发的认识，通过激励，可以转变教学态度，由最初被动的、敷衍了事逐渐发展成有意识地、主动地参与课程开发，会克服自己时间和精力的限制。激励机制的最终目的是使幼儿教师认为园本课程开发的过程是满足自我发展需要的过程。此外伴随着激励机制的实行，可以鼓励幼儿教师在园本课程开发中规划、评价自己的教学活动，这有利于幼儿教师专业发展。其次它能够满足幼儿教师自我实现的需要。根据马斯洛的需要层次理论，自我实现的需要是个体最高层次的需要，它对个体的激励作用是最大的。在园本课程开发中对幼儿教师适宜的激励能够起到催化剂的作用，增加教师的归属感和责任感。所以在教师参与园本课程的开发中，必须得满足教师生存安全的需要，教师才会去追求对幼儿园的归属的需求。

园本课程开发是一项复杂的工作，不仅需要教师时间上的付出，还要教师有一定的脑力劳动。幼儿园教师的一日工作本来就很繁忙，要完成保育、教育等工作，因此如果幼儿园没有建立相应的奖励机制，或只有一些精神上的奖励，那么很少会有教师积极地参与到园本课程的开发中。因此，合理有效的奖励机制就显得尤为重要了。

2. 园外资源支持不足影响幼儿教师专业发展

园本课程开发是复杂的工程，它需要多方力量的参与。既需要国家政策的保障，也需要园外各方人力和物力的保障。园外各种资源对园本课程开发的支持程度是影响幼儿教师参与热情的重要因素。教育部门领导、课程专家、幼儿教师在课程开发中虽不是处于主体地位，但也是不可替代的力量。幼儿教师与他们的关系不可分割，紧密相连的。具体体现在：首先，当地教育部门领导对园本课程开发的支持是教育经费保障的基础，为幼儿教师专业发展提供培训机会；其次课程专家能够将先进的教育理念和系统课程理论知识传授给幼儿教师，在课程开发中提供技术指导；再次园本课程少不了幼儿家长的支持和配合，他们是幼儿的第一个启蒙教师，相对于教师来说他们更了解幼儿的兴趣爱好和个性特点，家长在园本课程开发中起到桥梁作用，他们将幼儿对园本课程开发的态度反应给幼儿教师。如果得到幼儿家长的支持，会提高园本课程开发的质量。而现实中，幼儿教师对园本课程开发的认识主要靠自我学习，缺少外出培训和参加优秀观摩课的机会，缺少课程专家的实际指导和幼儿家长的重视和支持。同时，教育经费的不足也限制了园本课程开发的有效进行。

四、基于园本课程开发的幼儿教师专业发展策略分析

（一）微观：幼儿教师自身改变

1. 增强教师对园本课程开发的内涵及主体的认识

（1）提高教师对园本课程开发的内涵的认识

教师对园本课程开发内涵的正确认识与否，直接决定着教师在课程开发中的实践能力。因此，应该采取一些措施来提高教师对园本课程开发的内涵认识，幼儿园在开展园本课程开发之前，邀请园外人员或者园内的教研人员先对教师进行相关的培训，让教师对园本课程开发的内涵、流程等理论性知识先有一定的储备，这是教师参与课程开发实践的前提。在园本课程开发中，园内要定期组织有关园本课程的园本教研活动，最好每周都要进行园本教研，在教研中教师们就实践中发现的问题进行集体研讨，从而得出较好的解决方法。园本教研是教师思维碰撞的过程，也是教师之间不断加深对园本课程开发内涵的理解的过程。

（2）提升教师园本课程开发的主体意识

意识是行动的指挥棒，指引着人的行为方向，属于观念层面。教师的"主体意识"则是教师认识到自己在课程开发中"主人翁"的角色的意识，并指导教师自觉承担起参与园本课程开发的责任的意识，而不是将园本课程开发推卸给园内的管理人员及课程专家。长期以来，幼儿教师都是按照教学大纲和国家课程标准进行教学活动，已经形成固定的教学模式，这使幼儿教师在园本课程开发中缺少主动和创新精神，阻碍了园本课程开发的进程。提升教师的主体意识是培养教师园本课程开发的专业情意的基本途径，是教师参与园本课程开发的内在动力。教师意识到自己是园本课程开发的主人后，才会从认识和行动上积极地参与到园本课程开发中去。所以，要提高教师的园本课程开发意识，政府要为教师参与园本课程开发提供政策支持，为教师参与课程开发提供权力保障。幼儿园要为教师提供制度支持，重视教师在园本课程开发中的角色，组织教师根据本园的实际状况参与制订园本课程目标、收集整合相关课程资源、进行课程设计等一系列的活动，使教师在实践活动中感受到自身在园本课程开发的重要性，从而使教师意识到自身的主体作用。同时，幼儿教师也要不断更新自己的观念，要意识到自己是课程开发的主体，有权利去开发园本课程，幼儿教师可以将自己的教育理念融入园本课程开发中，打破以往教学模式，生成新的教育观、幼儿观。在园本课程开发中注重课程资源的选择，重视幼儿的爱好和兴趣，发挥他们的潜能。这些观念的转变，能够保证园本课程开发的顺利进行，对幼儿教师专业发展也有积极促进作用。

2. 重构园本课程开发的合作文化
（1）加强教师间的合作，形成园本课程开发合作共同体
教师因为自身的职业特点，"专业个人主义"特征使教学逐渐成为教师自己的事情，教师间缺乏有效的合作，而园本课程开发活动具有复杂性和专业性的特点，这就需要教师具有合作意识，养成合作的良好习惯。知识管理理论注重知识的共享和创新，在共享知识的过程中可以互相学习，而知识的共享需要教师间的合作，教师间有效的合作可以提高开发的园本课程的质量。要实现教师间高效合作，可以建立园本课程开发合作共同体。首先，倡导园所的教师形成具有共同信念、共同价值观、共同愿景的共同体，从而形成一个系统的学习环境，在这样的环境中，教师面对共同的任务，就会在共同体内形成更强有力的、更亲密的关系。在合作共同体中形成的积极向上、合作共享的氛围，教师就会愿意在这个共同体中分享自己的理论与实践的经验，形成良好的合作氛围。其次，在园本课程开发的过程中的各个阶段，鼓励教师分享自己的开发经验及自身遇到的困难，鼓励教师间进行合作交流，在合作交流中产生思维的碰撞。最后，园所内鼓励不同年龄、教龄的教师进行深层次的合作交流，这样的教师在园本课程开发中可以互利互助，新教师为年长的教师提供一些新的理念及技术的支持，年长的教师为新教师传授一些经验等。幼儿园也要建立年级组、师徒结对等合作型学习组织。

（2）营造全员教师全程参与园本课程开发的氛围
园本课程的特点确立了幼儿教师在课程开发中的主体地位，幼儿教师具有参与课程制订和实施、管理课程等权利。但幼儿教师个体不能独立地胜任课程开发这项任务，它需要教师彼此合作，展开交流和对话。可是长期以来幼儿教师解决教学问题、幼儿冲突时都是依靠自身一个人的力量，教学活动也都是个体单独展开的。幼儿教师会把这种习惯性行为迁移到园本课程开发中，最终导致幼儿教师单独开展自己感兴趣的课程。这对园本课程开发十分不利，也不利于幼儿教师自身的专业发展。课程开发应该是一个幼儿教师共同合作，集思广益的过程；是一个互相观摩教学活动，互相学习、互相借鉴、互相评价、共同研讨问题，解决问题的过程。

幼儿教师间的合作对象不仅包括本园教师间的合作，也可以拓展到幼儿园和幼儿园间的教师合作；可以是在教学时间内的合作，也可以利用课余时间；可以是授课教师间的合作，也可以是本园的管理者；可以是同一年级教师间合作，也可以是跨年级、跨学科间的合作。幼儿教师可以根据实际情况做出不同的选择。现代网络技术和教育技术的发达，为幼儿教师间的合作提供了更多的平台，打破了时间和地点的限制，使不同地区的教师可以合作，在合作中拓宽教师的视野、

增加教师的专业知识和技能。

幼儿园应该营造全员教师全程参与园本课程开发的氛围。在幼儿园内，建立与园本课程开发相适应的各项管理制度和奖惩制度，在制度中重建教师的权力，鼓励全园教师都参与到园本课程开发中去。同时，开展专题培训、讲座等让教师认识到参与园本课程开发的价值，让教师认识到参与园本课程开发不仅有利于幼儿园的发展、幼儿的身心全面发展，更是教师提升自身专业能力的途径，从而让教师在园所制度的保障和自身意愿的基础上，促进每位教师积极地参与到园本课程开发中。其次，园所应该让教师参与园本课程开发的园情分析、课程目标的制订、设计、实施、评价园本课程等各个阶段，在园本课程开发的每个阶段之前可以先对教师进行园所的专门培训，如在制订园本课程目标阶段，对教师开展如何制订园本课程目标等的培训，然后再给教师分配制订园本课程目标的任务。最后，教师间进行园本教研，在教研中进行讨论交流。教师应该成为园本课程开发各个阶段的主人，因为教师对自己所在的幼儿园及所在园的幼儿是最熟悉的，并且课程最终的实施者还是教师。在此基础上开发出来的课程才是建立在以幼儿园为"本"的基础上，适合园所、适合幼儿的园本课程。

3. 提高幼儿教师自身综合素养

建立有效的社会和幼儿园支持系统是保障园本课程开发的必要条件，但是幼儿教师的专业发展离不开自身的改变和提高，幼儿教师应积极寻求自身专业发展之路。在园本课程开发中要加强自我修炼，逐步发展和提高自身素养。

（1）提高专业发展意识

幼儿教师的主体意识是园本课程开发的动力，决定了幼儿教师在课程开发过程中的投入程度，表现出教师能够自觉参与课程开发，是幼儿教师实现专业发展的基础和前提。只有幼儿教师提高了自己的专业发展意识以后，他们才能自觉履行课程开发任务，积极反思自己的教学活动，探索各种教学方式，与专家和教师进行沟通交流、整合各种课程资源进行园本课程开发。在园本课程开发中增长专业知识、提高专业技能、提升自我效能感。幼儿教师在园本课程开发的实践中，使他们养成反思的习惯，反思教学活动、总结自己目前专业发展状况后确定自己以后专业发展目标，为幼儿教师专业发展提供了保证。

（2）提高理论知识和研究能力

充足的理论知识和必备的研究能力是园本课程开发的条件和基础，因此加强幼儿教师的理论学习，培养研究能力是必要的，它是保证园本课程开发有效进行的前提。

除了幼儿园及外部的提升教师专业知识与能力的培训外，教师自身也要通过各种途径来增强自身的课程开发知识，从而提高教师参与园本课程开发的程度。首先，教师要具备专业发展的意识，保持不断学习的心态，当教师意识到自身的课程开发知识不足时，可以通过阅读书籍、期刊、报告等来查询有关的园本课程开发知识，在学习的过程中注意对相关知识进分类、整理，以供日后使用。知识管理理论注重教师对自己具有的知识进行管理，教师的隐性知识显性化同样是教师获取知识的一个方面。教师将自身具备的实践性的经验通过反思的形式形成书面的显性知识的过程也是教师增强教师自身的园本课程开发知识的过程。教师也要善于反思，善于总结，教师的反思是形成问题意识的关键一步。

4.开展园本课程开发的行动研究

行动研究作为一种对课堂进行研究的方式，是教师在自己的真实教育情境下发现问题，有系统地搜集、分析资料，提出改革的方案并付诸育实践的研究，是一种在实践中采取改革行为，并在行动中实施研究的研究方式。因此，开展园本课程开发的行动研究可以提高教师的园本课程开发能力。教师开展行动研究可以从以下几个方面进行：

第一阶段，在具体的教学情境中提出问题。

第二阶段，教师反思自己已经掌握了哪些知识，还需要掌握哪些知识来解决这个问题？然后教师借助与同事的合作、在网上查资料及咨询等途径搜集相关材料来获取知识。

第三阶段，教师开始撰写研究计划。教师整合提出的问题及自身的知识，制订出切实可行的行动研究计划。在行动研究计划中包括以下的步骤：（1）明确问题，确定行动研究的目标；（2）发展明确研究问题；（3）描述对实践中问题的干预行为，并且在干预的过程中是否需要家长的支持、是否需要其他教师的参与及在行动研究中可以利用的资源；

第四阶段，正式的实施行动计划。教师在开展行动研究的过程中，要不断地进行反思，将知识与实践紧密地结合在一起。

教师在行动研究中可以提高自身的课程研究能力，还能够解决自身在园本课程开发中遇到的问题，从而提升开发的园本课程的质量。

（二）中观：幼儿园内部支持

1.充足的时间制度保障

充足的时间是保障园本课程开发顺利进行的基础，教师可以利用空余时间反思教学活动，思考园本课程开发。幼儿教师在园本课程开发中缺少的就是时间，导致幼儿教师时间缺乏的原因是由他们工作特点决定的，他们需要完成教学活动，剩下的时间则消耗在了一些繁杂，琐碎的事务中，如填写日、周工作计划，工作总结，填写教案和教学反思、布置活动区域、应付各级检察、准备公开课等等。这些大多趋于形式，导致幼儿教师白白浪费时间，对他们专业发展没有产生实际价值。这些多样复杂的活动分散了幼儿教师大部分的时间和精力，这不利于园本课程开发和幼儿教师专业发展。

园本课程开发是一个长期的过程，这不仅需要幼儿教师具有广泛基础文化知识、课程开发理论知识，更需要有充足的自由支配时间。幼儿教师繁重的工作量已经占据了他们一天的大部分时间，在这种情况下，如果幼儿园再让他们开发园本课程，教师明显会感到力不从心、无能为力，很难达到预想目标。即使去做，也可能只是敷衍了事，开发的课程缺少创造性的价值。因此，幼儿园应该改善幼儿教师在园内的时间分配现状，做出整体的统筹规划，在保证幼儿教师不耽误日常教学活动的基础上，给幼儿教师腾出充裕的时间进行园本课程开发，重新安排教师的工作时间和任务量。例如，可以雇佣一些非编制的教师来承担本园教师的工作量，幼儿园可以每周指定时间段让幼儿教师集体探讨园本课程开发的问题。

2. 经费和管理体制保障

为了保障园本课程开发的有效进行，首先，幼儿园要投入一定的教育经费，聘请专家、学者来园进行专题讲座，聘请课程专家和优秀骨干教师对本园教师进行理论和实践指导，此外与大学学前教育教授、讲师建立长期的合作、交流联系，确保幼儿园最先了解到最前沿的教育理念。其次在园本课程开发中要有充足的经费保障，园本课程开发的影响因素之一是教育经费不足，这直接阻碍了园本课程的顺利进行，阻碍了幼儿教师的专业发展。幼儿园在园本课程开发中要投入大量的经费，购买园本课程需要的教学用具、器材。

其次，幼儿园需要建立专家、园长、幼儿教师、幼儿家长等共同参与的园本课程管理体制，如专家负责为园本课程提供理论指导，向幼儿教师传授课程知识，对开发的园本课程进行检查、评价，进行质量把关，评估课程是否具有可行性等工作。园长负责协调各班幼儿教师，组织参与人员实施课程开发的工作，是介于课程专家、教师等多方的纽带，是把各方人员聚集一起共同研讨园本课程的核心力量。幼儿教师负责课程计划、课程目标、课程内容的制订和修改；负责反映本园各年龄段幼儿的实际发展情况。家长负责反映孩子的爱好兴趣和实际需要，将孩子参与园本课程活动的真实感受和收获反映给幼儿园，以促进园本课程的改进和完善。

最后，教师间的相互的分享、交流可以实现教师隐藏性、缄默性的知识向显性的转化，促进教育教学资源的共享。因此园所应该建构开放的、合作的园本学习组织促进教师的知识管理，加强教师参与园本课程开发的建设。园所可以营造合作的园所氛围，建立相关的规章制度，倡导教师之间要互相学习交流、互相合作，鼓励教师将自己的一些实践经验分享给大家，在共享知识的过程中教师既可以分享自己的经验，还可以吸取别人的经验，从而促进教师的园本课程开发知识的提高。这种学习组织不仅限于幼儿园内部，还要与其他园所间建立学习组织，促进园所间的教学经验、管理经验的交流。还可以借助网络平台与更多的教师进行分享、交流。

3. 丰富的课程资源保障

开发园本课程需要幼儿教师具有较强的课程意识，但是幼儿教师的课程意识少不了课程资源的支持。如果离开了课程资源，那么就成了无源之水，无本之木。而幼儿教师获取课程资源的途径有限，这不利于园本课程开发，更不利于教师的专业发展。

在我国有关课程资源方面的研究还很少，处在一个初期阶段，大部分教师很少接触到课程资源方面的信息。所谓的课程资源是在课程编制、实施和评价的整个过程中可利用的一切自然资源和社会资源总和。涉及教材、幼儿园、家长、社区和所有有助于幼儿发展的各种资源。它既是一种载体，也是一种媒介。课程资源不单单是幼儿教材用书，不单单限于幼儿园内部，它包括幼儿生活和学习中所有有利于幼儿发展的教育资源，它囊括了幼儿园内外的各个方面。所以，幼儿教师具备什么样的素质和水平决定了对课程资源的开发和利用程度。

园所应该借鉴知识管理理论，对知识进行系统管理，从而为教师建立恰当的园本课程教学资源库，为教师查询有关园本课程开发方面的知识及实践案例提供帮助。园所也要注重拓宽学习知识的渠道，将获取知识的渠道进行系统化整理，以为了更好地帮助教师查询必要的知识。园所可以购买一些关于园本课程开发的书籍、期刊、杂志等纸质资源，还有一些信息科技资源，如一些数据平台、网站等供给教师查询资源，这些平台可以帮助教师最快地获取与园本课程开发有关的资料。其次，园所对园本课程资源共享库要进行科学、有效的管理，要时刻更新园本课程资源库的资源，并将园本课程资源进行分类储存管理，使储存的园本课程资源更有条理性，从而有针对性地对教师提供帮助。在调查中，大部分教师在园本课程开发的理论与知识存在一定的困难，因此，为教师建立开放、共享的园本课程资源库能够为教师提供搜寻资料的途径。

幼儿园也要对园所内已有的园本课程开发的经验、知识进行系统的整理，教师所具备的有关园本课程开发的一些实践性的知识是内隐性的教育教学资源，只有通过有目的、有意识地进行管理，才能成为可以共享的显性知识。园所可以将园内已有的有关园本课程开发的材料、案例、反思等进行分类整理，从而形成园内的园本课程开发资源库。这样可以为那些缺乏园本课程开发经验的教师提供借鉴，增加教师对园本课程开发的了解，使他们免于在繁杂的资料中迷失方向，而且可以更有针对性地解决教师所遇到的问题，实现教师知识的逐步拓展、更新。

在园本课程开发过程中，幼儿教师对课程资源的开发感到无从下手，力不从心，可以通过以下几个基本途径进行课程资源开发：

第一，观察幼儿的日常活动，获取各种课程资源，包括知识与技能、过程与方法、情感态度和价值观等方面；

第二，开发和利用幼儿园的各活动场所和专用教室，比如生活坊、美工坊、阅读坊、感统教室、多媒体功能厅等等；

第三，开发幼儿园以外的课程资源，包括当地的风土人情、人文历史环境、各种行业机构、名人伟人等资源，进行选择和鉴别，成为幼儿的学习资源；

第四，利用网络资源来服务自己的教育教学活动，发挥网络资源打破时空和地点限制的优势。同时幼儿教师也应该把自己的育儿经验和成果呈现在网络平台上，积极建设网络资源，共享教学经验。

4. 构建精神奖励与物质奖励相结合的参与课程开发的激励机制

动机是指向与维持人参加某种活动的内部心理特征，是人的行为的动力，包括内部动机和外部动机。在园本课程开发中，教师的动机是维持教师参与园本课程开发的动力，能够激发教师参与的热情及积极性。园本课程开发需要花费教师大量额外的时间来完成，如果园所没有建立科学有效的奖励机制，教师的参与热情和积极性就会受到打击，久而久之教师就会产生应付的心理，不会认真对待园本课程开发的工作。有些园所虽然对教师的辛苦付出进行了奖励，但是是以精神奖励为主的奖励，这样的精神奖励对教师参与课程开发的持久性与积极性的维持作用并不具有长远性。因此，园所应该建立起规范的奖励机制，注重精神奖励与物质奖励相结合的激励方式，对表现突出的教师给予一定的物质奖励，将参与园本课程开发作为教师绩效评价的一部分，作为教师评选职称的一部分内容。其次，鼓励教师间形成合理的竞争关系来促进教师的进取，在相互竞争中促进教师自身素质提高的进步，在相互竞争中提高园本课程开发的质量。但是，竞争的"度"也要把握好，过度的竞争也不利于教师间的共同进步。最后，在注重物质奖励时辅之精神奖励，让教师体会到自己的付出是有收获的，注重激发教师的内部参与动机，注重教师参与园本课程开发荣誉感的形成，从而在教师间形成共参与、共进步的良好氛围。

（三）宏观：社会外部支持

园本课程开发虽然是以幼儿园为基地的，但这并不表明园本课程是局限于幼儿园围墙内的教学活动。园本课程开发是一项长期的、复杂的系统工程，涉及幼儿园内部和社会外部多方面的力量，同时幼儿教师在园本课程开发中的专业发展离不开社会各界力量对园本课程的支持。

1. 教育部门领导和课程专家的支持和指导

我国实行国家、地方和幼儿园三级课程管理模式，这样的管理体制决定了幼儿园开发的园本课程需要国家和地方的相关教育部门的支持，利用当地现有条件并且创造一切条件开办园本课程。相关教育部门要对幼儿园课程开发有一个整体的宏观把控。一方面，定期为幼儿园提供促进幼儿教师专业发展的机会，比如开讲座、听报告、外出培训等等，通过宣传，让幼儿教师意识到园本课程开发的重要性和必要性。另一方面，学者和专家要深入到幼儿园，对园本课程开发予以相应的指导，定期评价幼儿教师的专业发展情况。幼儿园要与园外的课程专家建立长期合作的关系，园所经常邀请课程专家开展专题讲座等增强教师园本课程开发的理论知识，课程专家也要深入到幼儿园园本课程开发的实践，对园所及教师遇到的实际问题进行具体的指导，课程专家最好深入到园本课程开发的全过程，能够对教师参与的全过程进行指导，保证园本课程开发整个过程的科学性。

2. 幼儿家长的配合和理解

幼儿园为了自身长期发展，开发的园本课程应该满足社会和家长的需要，得到家长的认可和支持。教师需要从家长那了解幼儿的兴趣和爱好，确定适合幼儿发展、满足家长需要的园本课程内容。家长的配合、理解和支持是确保园本课程开发的重要外部条件。幼儿园应该定期开办家长会，建立本班的QQ联系群，促进家园合作，让幼儿教师和家长第一时间分享儿童的发展情况。在园本课程开发中要利用幼儿家长资源，让家长参与到课程开发中，创造民主开放的园本课程开发体系。因为家长最了解幼儿需要，他们最有发言权。幼儿教师也希望在园本课程开发中获得家长的支持，如果家长把对园本课程的理解和满意度反应给幼儿教师，这激发幼儿教师参与园本课程的动力。在课程开发过程中，幼儿教师会以更高的热情制订课程目标，实施园本课程教学，评价教学活动效果。在这一系列活动中提高了幼儿教师对课程知识的再认识，进一步促进幼儿教师专业发展。

3. 加强幼儿教师在职培训的有效性

幼儿教师的专业知识、技能和情意对课程开发起决定性的作用，为了提高园本课程开发质量，对幼儿教师进行在职培训是必不可少的。通过培训，提升幼儿教师对园本课程的认识，体会自己在园本课程中担当的重任，形成既有专业引领又有自主学习的行为方式，这是园本课程开发中促进幼儿教师专业发展的必要措施。

培训的内容要有针对性，培训幼儿教师在课程开发中缺失的专业知识和技能。可以把课程开发与园本培训结合起来，相辅相成，这对园本课程开发和幼儿教师的专业发展十分有利。

在对教师进行培训时，在理论内容方面，应该加强关于园本课程开发及幼儿身心发展方面的知识的培训，增强教师对园本课程开发的目标设计、内容选择、实施、评价等流程方面的了解，从而增强教师参与园本课程开发的信心。教师掌握的有关园本课程开发的知识越多，就愿意参与到园本课程开发中去。同时，还要加强对政策文件的解读的培训，以及对教师实际遇到的问题进行培训，提高培训的针对性、有效性。在培训时，也要注重理论与实践相结合的方式，在学完一个理论知识模块后，也要及时进行实践训练，提高教师的实践能力。

在理论课解决的是教师"知不知"的问题，实践课主要解决教师的"会不会"的问题，理论与实践相结合的培训方式才能够提高教师园本课程开发的能力。

第四节　评价与反思

一、幼儿教师发展性评价

（一）传统型教师评价模式的弊端

长期以来，学校普遍采取的是传统的教师评价模式，这种评价也称奖惩性评价，这一评价制度注重对教师教育教学水平的考核与鉴定，发挥了评价对教师的管理功能。但传统教师评价也显示出明显的缺陷，主要体现在四个方面。

1. 评价目的的功利性

传统评价把教师评价仅仅作为一种管理策略，作为教师考核评分、奖优惩劣、鉴定等的重要依据。它着眼于教师个人过去的工作表现，特别注重教师在评价之前的工作表现。

2. 评价内容的片面性

缺乏整体性和全面性，侧重偏向于某一内容的评价，如在新课改前，对幼儿教师的评价侧重弹、唱、跳等基本技能。在课改初期，教育教学发生了根本的改变，主题教育、区域活动都需要教师具备良好的教学组织能力，这一时期对教师评价的重点又转向了教师课堂教学能力。在提倡塑造"研究型"教师的今天，科研能力又成了评价幼儿教师的重要标准，对教师的评价往往顾此失彼。

3. 评价主体的单一性

这是一种自上而下的评价，教师通常只是评价的客体，而评价主体一般比较单一，缺乏评价者与教师之间、教师与教师之间、教师与学生之间的双向交流，这样的评价往往有失偏颇。

4. 评价形式的局限性

评价主体的单一性决定了评价形式的局限性，局限于领导和管理者通过对教师工作的检查和考核，形成对教师的评价。这样的评价往往受主观意识的限制，有失客观、民主和公正。

（二）发展性教师评价的理念与特点

1. 主张评价以促进教师发展为目的

发展性教师评价的最终目的是为了进一步提升教师专业素养，促进教师专业发展。它属于形成性评价，所关注的不仅仅是教师过去取得的成绩，还有教师未来的发展。发展性教师评价立足教师上一阶段的工作表现，明确其未来的专业发展需要，指引其下一阶段专业发展的努力方向。

2. 鼓励教师积极参与评价

在传统评价中，教师作为受评者，始终处于被动位置；而发展性教师评价则有所不同，它强调教师自身的主动性，鼓励其积极参与评价活动，从而使得教师了解评价蕴含的意义与价值，发自内心地接受评价，从评价中汲取经验教训，实现自我反思，并在未来有所进步。

3. 重视教师的个体差异性

传统评价就像一把笔直的尺子，用硬性的、固定的、唯一的标准来衡量每一名不同的教师；发展性教师评价则更加重视教师的个体差异性，尊重教师发展方式、发展速度和发展阶段性目标等方面的不同之处，评价结果更为真实，也更有效用，能够帮助每一名教师在自己的专业发展上得到长足进步。

4. 注重动态的、纵向的形成性评价

幼儿教师的专业发展是一个长期的、分阶段的、不断变化的过程，而发展性教师评价也并非静止的、一成不变的，而是动态的，以发展的眼光来看待幼儿教师，为其今后的成长提供更多有效信息，也为其下一阶段发展增添助推动力。

（三）基于发展型教师评价的现实趋势

现如今，教育评价越发受到以人为本教育理念的影响，而教师也越发重视自我价值的实现，因此，教师评价应当更加关注教师在评价中的主体地位。如上所述，在传统评价中，教师往往只能被动接受评价结果，难以发挥自身积极性、主动性，因此，也很难根据评价结果进行自我反思，无法对将来的自我发展提供更多帮助。而发展性评价则更多强调教师在评价中的主体地位，注重教师与评价者之间的沟通交流，尊重教师的个人特点和个人价值，因而在促进教师专业发展上具有很大优势。国内的一些专家学者对发展性教师评价的理论、实践研究十分重视，不仅提出了一些理论与模式，更逐渐将其运用到教师评价实践中，使得以教师自我评价为核心的发展性教师评价逐渐成为现行教师评价的发展趋势。

二、幼儿教师发展性评价的实施

（一）幼儿教师发展性评价的实施方法

1. 共性评价和个性评价珠联璧合

教师的素质是综合的，对教师进行全面评价就是要求对教师职业道德、学科知识、文化素养、教学能力、科研能力、参与意识、合作能力、终身学习等全部工作进行全面综合的评价。发展性评价又是一种以人为本的评价，注重教师的个体差异及个性特点，促进每位教师基于自身基础富有个性地发展。因此，我们把教师发展性评价分成共性评价和个性评价两大块。共性评价体现了对教师全面综合性的评价内容，而个性评价则包含两部分内容，一是优势评价，挖掘每位教师的亮点，发挥每位教师的特长，让每位教师分析自身长处，体验自身价值；二是弱势分析，让教师分析及清晰地认识到自身的薄弱环节，扬长补短，双线发展。

2. 横向评价和纵向评价两者兼顾

横向评价和纵向评价是教师评价的两个维度，但这两个维度的评价不是相互孤立的，而是有机结合的，有研究者把这样的评价称为"T型模式评价"，"T"的一横代表着教师评价体系中横向与他人比较的部分，"T"的一竖代表着教师评价体系中教师纵向自我比较的部分：作为一种教师绩效管理的手段，横向与他人比较是不可或缺的评价方式，但从教师发展的角度出发，纵向评价更能激发教师的主观能动性。在实践中，可以把横向评价作为考评的一个标准，把纵向评价作为促进教师持续发展的手段，实现横向评价和纵向评价两者兼顾。横向评价重在师德和态度的评价，包括月考核评价和学期综合考核评价，运用客观的评价标准，整合多元化的评价来源，在量化的指标体系下，将教师的绩效与组织中的其他教职员工进行比较，实现对教师评优、晋级和解聘等管理的科学化。纵向评价以设计教师个人发展规划和检验发展规划的实施为主，教师针对自身实际制订个人发展规划，并通过总结反思、检验、对比等评价手段进行阶段性及螺旋式上升的个人纵向评价。

3. 自我评价和他人评价相得益彰

评价应是一个全员参与的过程，既包含他人对幼儿教师的评价，也包含幼儿教师的自我评价。

（1）他人评价

他人评价的主要方式有：①家长评价。每学期末，通过家长问卷的形式对教师进行评价；②教师互评。在教学研讨活动中，往往通过教师相互评价来分析和评价教师的教育教学能力；③领导评价。在教师自评和相互评价的基础上，领导小组成员对教师做出比较合理的相对来说具有权威性的评价，一般用于学年考核的分等定级。

（2）自我评价

自我评价包含如下集中类型，一是常规工作自我评价。在月考核和学期考核中，要求教师对照标准，认真研究自己的工作情况，进行实事求是的自我评价。二是评优自我评价。在各类评优活动中，让教师对照评选条件进行自我评价，符合条件的再向学校书面申请。三是教学自我评价。在教学活动中，教师对自己进行客观评价。

4. 过程评价和终极评价两头兼顾

发展性评价是一种形成性评价，对教师的评价贯穿整个教育教学过程。以教师发展为目的，以 3—5 年规划发展为阶段性期限，不定期评价和月评价、学期评价、学年评价等定期评价相结合，把教师评价融入教师发展过程中，兼顾过程评价和学期学年或规划中的终结评价。

5. 教师鉴定和专业发展一箭双雕

对教师进行评价的主要功能有：一是对教师工作的各方面进行鉴定，二是促进教师的发展。教师评价工作的成功与否的重要标志之一就是教师在评价活动中的主动参与，使评价真正成为教师发展的内部动力。因此，在发展性教师评价中，一方面我们把评价作为鉴定教师的重要因素和手段，另一方面我们更注重诱发教师的内驱力，通过客观、民主、公正、开放的评价使被评价者看到自己的成就和不足，激起教师发扬优点，促进他们工作的主动性与热情，激励他们将全部精力投入工作和学习。充分肯定教师本人自我评价的主体地位，让每一位教师在自我评价的过程中深刻反思，认识自我、完善自我，这种认识和完善才是实施教师评价最根本的基础。

（二）幼儿教师发展性评价的实施保障

1. 幼儿教师树立正确的专业发展自我评价观

现实中，很多幼儿教师还没有意识到发展性评价的重要性，有的幼儿教师不愿花费时间进行专业发展自我评价，而有的幼儿教师即便进行了专业发展自我评价，也只是应付园所检查，敷衍上级要求，在进行自我评价时心态趋向消极、被动。想要改变这一问题，就要帮助幼儿教师树立正确的专业发展自我评价观念。一方面，园所要引导幼儿教师认识自我评价的重要性，使其明了进行专业发展自我评价不是为了园所考核任务，而是为了自身专业发展；其次，园所可以邀请具有丰富经验的幼儿教师就专业发展自我评价分享心得体会，增进幼儿教师之间的交流，通过良好有效的互动沟通，帮助幼儿教师认识到专业发展自我评价的重要意义；最后，园所还可以充分运用激励机制，把积极主动开展专业发展自我评价的幼儿教师作为榜样，对其给予一定精神或物质上的奖励，从而调动其他幼儿教师的积极性。幼儿教师也应当对自己有更为客观、充分的认知，对未来专业发展有更为明确的定位与规划，发自内心地想要实现成长与进步，从而调动自身主观能动性，更好地参与发展性评价，积极运用评价结果。

2. 幼儿园为实行发展性评价提供多元支持

实行发展性评价，除了要发挥教师自身积极主动性之外，幼儿园也要做好支持与保障工作。

其一，幼儿园应当制订、完善发展性评价内容，为幼儿教师自我评价提供参照性内容，从根本上保证发展性评价顺利进行。

其二，幼儿园可以建立教师成长资料库，为每一名教师配备成长档案袋。幼儿教师可以在自己的成长档案袋中记录个人发展经历并依此认识到自身职业优势与不足，更好地进行自我评价；而幼儿园也能够通过教师成长资料库更清晰地掌握每名教师专业发展情况，及时调整发展性评价内容，使其更有针对性，更具实效。

其三，幼儿园要强化与幼儿园教师之间的沟通交流，不仅要对其进行引导，帮助其正确认识发展性评价重要性，更要注重倾听，倾听他们在工作中遇到的难题，了解他们对未来发展的需求，并据此更好地开展发展性评价工作。同时，园所和教师之间的流畅沟通交流，也能营造良好的幼儿园教育教学工作氛围，让教师敢于问问题、提建议，敢于发表自己的意见。在这种环境中，幼儿教师也能更好地配合幼儿园开展发展性评价工作，真实地上报自身评价，积极地接受考核结果。

三、反思与幼儿教师专业发展

反思是指个人主动地、有意识地思考自身行为与行为产生的结果之间的联系并对其进行判断，继而做出决策，通过反思中取得的经验教训，解决实际问题、促进未来发展。反思对幼儿教师专业发展有着十分重要的影响，二者密不可分，同时，反思也是幼儿教师应当具备的核心素质之一。

教师的反思与发展涉及教育工作的方方面面，教育教学中的一个片段、一个细节、一位幼儿、一个活动、一种教育现象或教育行为的分析，一件事情的处理等都能成为反思的内容，都可以进行反省式的分析或批判性的思考。基于反思，调整和改进教育行为，不仅能提升保教工作，也实现了教师的专业成长。

（一）反思与幼儿教师专业发展的关系

1. 有助于幼儿教师更新观念，把自己的经验升华为理论

不论是新手型、成熟型还是专家型幼儿教师，不论工作年限长或短，只要从事了一段时间幼儿教育教学工作，幼儿教师就会积累独属于自己的经验。很多幼儿教师会凭借这些经验开展实践教学工作，但这更像是一种"本能"，经验并没有形成真正的理论，发挥的指导作用也较为有限。幼儿教师需要经常进行反思，全面梳理、深入挖掘自己教学中收获的经验，提取蕴藏在经验中行之有效的理论，做到知其然更知其所以然。

通过不断的反思，幼儿教师还会逐渐形成具有个人特色的教学理论体系与专业教育理念，不仅能帮助自己更好地开展教育教学工作，还能为自身专业发展打下坚实理论基础。

2. 有助于幼儿教师提升教育教学实践的合理性

合理而有效的教学实践一定是符合教育理论，顺应幼儿教育规律的。通过对自身教学实践进行反思，将其与教育目标进行对比，与教学理论进行契合，幼儿教师可以更好地发现自身存在的问题与不足，减少教学中或冲动或僵化的行为，不断提升教学实践的合理性与实际成效。从这种角度来看，反思实际上也是一种工具，教师能够利用其不断改进自身教育教学实践，从而高效完成园所交付的工作任务，也帮助自己实现专业发展。

3. 反思有助于教师的角色优化定位，加快研究型教师的转变

幼儿教师进行反思，就是反复考量过去的教学实践，反省自身的教学观念、行为决策，总结经验教训，解决存在问题。而在反思的过程中，教师不断积累新的理论知识，增强学习意识，实现自我发展，也将逐渐向着"研究型"教师转变。

（二）幼儿教师在反思过程中存在的问题

1. 反思意识不强

一些教师反思的自觉性不足，对于反思的意识不够，不能深刻地认识到反思的重要性，会把日常的教育反思当作任务型、应付性的工作，在教育教学中对教育反思的重要性认识不足，理解存在偏差，缺乏教育反思的主动性、积极性。所以要时刻提醒教师们将反思行为习惯化，在日常教研活动中将反思的制度日常化，将反思常规化。

2. 反思内容不全

一方面，内容的局限主要表现为研究过于微观，针对具体的一节课。而对于问题背后的深层次原因，没有上升到教育理论、教学理念的层面分析，大到宏观的课改精神等重要内容更是很少提及甚至一点都不提及。

另一方面，通常教师会针对教育过程中的材料准备、教师提问等显性问题进行反思，但往往会站在教师主体"教"的角度进行自我反思，很少站在幼儿的学习与发展角度，反思内容不够全面，缺乏教育反思的时效性。

3. 反思深度不够

很多教师尤其是新教师，在反思时分析不到位，不能从幼儿的已有经验、年龄特征、学习特点以及当下的发展水平等进行深入分析评价，教育反思缺少深度。

4. 反思方式单一

目前教师做得最多的是活动后反思，对于活动前预想、活动中的即时性反思较少，缺少"行动中的反思"；且教师大多喜欢交流式的反思，不太乐意进行自

我内省式反思和撰写文字材料的反思，反思的方式方法较为单一。

四、幼儿教师反思能力的培养

幼儿教师反思能力的提高是一个持续渐进、长期积累的过程，教师要有自我发展的意识，在准确评价自身工作的同时能对自我专业发展进行规划和思考。提高教师反思能力重点可以从以下几方面着手。

（一）个性化地选择自我反思的方式

不同年龄和不同经验水平的教师对待教育反思有着不同的看法与需求：新教师更喜欢同伴交流式的反思，愿意在探讨交流中发现自身实践的问题和价值；经验型教师更喜欢对教育实践中的挑战性问题、不同寻常事件的原因、影响因素等问题本质进行反思。因此，我们需要认同不同教师的反思要求，在对反思价值达成共识的基础上，允许教师自主选择反思的内容与形式，赋予教师自主反思的权利。反思是一种自主意识，反思的过程是非常个人化、个性化的过程，教师可根据自身实际，个性化地选择适宜的自我反思方式。

（二）养成自主反思的习惯

没有反思，就没有发展，没有进步。因此，波斯纳提出一个教师发展公式：教师成长＝实践＋反思，可见，幼儿教师专业发展的有效路径和方法是自我反思。专业化发展过程也是不断发现问题、思考问题和解决问题的主动过程，需要教师养成自主反思的习惯。

（三）在实践探索中提高教育反思能力

教师的专业化发展特别强调对教学、教研的复盘能力，要求教师能够在反思中对教育理念进行积极的思考，在研究中更新充实专业理论知识，促进自身教育观念的更新，并通过实践检验进一步完善理论。

在教育教学实践中，幼儿教师对自己专业发展的反思可以从以下几个角度来进行：一是在教学活动前，教师要反思本节活动选择内容是否恰当，是否结合了本班幼儿的身心发展特点，是否有足够的弹性和开放性；选择的材料是否是幼儿学习需要的，如何使材料在教学活动中发挥更好的作用；设计的环节是否有利于全班所有幼儿的探索性学习，是否需要调整和改进。二是在教育教学活动中，教师应反思自己组织的活动有没有充分考虑到幼儿学习特点以及认识规律，有没有让每个幼儿的能力都有所提升。三是在教学活动组织后，幼儿教师要及时对整个教育教学活动进行有效的反思评价。

幼儿教师也可以在活动结束后通过以下方式进行反思提升：一是课后修改完善教案。即幼儿教师在教育教学活动结束后，根据活动中所获得的反馈信息对活动设计进行进一步修改和完善。二是写活动小结、观察记录、教学随笔等，对活动中的优点以及困惑和问题及时反思总结，积累教学经验与技巧。三是与同事交流研讨。交流是实现教师专业知识增长、专业素养结构合理化的有效方式，通过举办"沙龙"、开交流会等形式互相交流和分享教学经验和方法技巧，解答教学中出现的问题和困惑。四是观摩与评课。教师可以相互观摩彼此的教学活动，并写出评课报告，对观摩的情景进行描述和分析，并提出建议。

（四）在反思活动中加强前期预测评价和过程性反思

尽管现今园所针对各项工作与任务的反思活动数量不少，但是反思模式固定，并且存在流于形式、缺乏活力的问题。因此，在各种需进行反思的活动中，除了重视后续反思活动的开展及其成效之外，建议多加关注活动的前期预测评价和过程性反思，既可以在持续实践中增强教师在活动前根据实际情况进行预测、在活动中根据标准进行衡量与根据目标进行调整的综合反思能力，也可以通过增强教师的反思能力促进教师整体专业发展。

参考文献

[1] 毛晗，卢清．幼儿教师专业能力的现实透视[J]．重庆第二师范学院学报，2021，34（6）：7983．

[2] 李洁妤．基于不同成长阶段的幼儿教师职业生涯规划[J]．幸福家庭，2021（6）：149-150．

[3] 焦小研．幼儿教师专业发展的有效途径[J]．课程教育研究，2020（12）：10-11．

[4] 李莲花．幼儿教师职业道德建设撖探[J]．成才之路，2020（2）：102-103．

[5] 王子纯，凌森惠，王桂，等．幼儿教师职业素养的影响因素及提升对策[J]．科教导刊（中旬刊），2019（32）：82-83．

[6] 冯荣茂．促进幼儿教师专业发展的有效策略[J]．辽宁教育，2019（12）：30-31．

[7] 王春燕．教师专业能力成长对幼儿的影响[J]．家长，2019（14）：60-61．

[8] 刘幼玲．幼儿教师专业发展的维度与路径刍议[J]．成都师范学院学报，2018，34（11）：37-41．

[9] 胡传双，鲁如艳．幼儿教师专业发展研究：现状、影响因素及保障机制[J]．巢湖学院学报，2018，20（4）：121-126．

[10] 樊立群，周燕．园长胜任力：幼儿教师专业发展的助推器[J]．教育评论，2018（4）：110-112．

[11] 秦文俊．幼儿教师职业道德失范分析及对策[J]．教育文汇，2018（1）：21-22．

[12] 连丽萍．在职培训对幼儿教师专业发展影响的研究[D]．福州：福建师范大学，2017．

[13] 闫禹祁．幼儿教师职业道德现状及思考[J]．牡丹江教育学院学报，2016（4）：69-70．

[14] 王乐，李玲．幼儿教师专业发展与职业规划的调查研究[J]．科教导刊（上旬

刊），2015（16）：188-190.

[15] 张小芳.三类幼儿教师专业发展诉求调查研究[D].重庆：重庆师范大学，2015.

[16] 邬锦佳.幼儿教师职业道德现状及培养对策[J].成才之路，2015（5）：71.

[17] 李学容，夏泽胜.幼儿教师专业发展与制度建设[J].内蒙古师范大学学报（教育科学版），2014，27（6）：109-111.

[18] 刘荣棠.促进幼儿教师专业发展的因素分析[D].兰州：西北师范大学，2013.

[19] 余萍.骨干教师示范引领促进幼儿教师专业发展的个案研究[D].重庆：西南大学，2013.

[20] 范丹红.学习共同体——幼儿教师专业发展的有效载体[J].新课程（小学），2013（3）：128-129.

[21] 彭兵.我国幼儿教师专业发展政策回顾与展望[J].学前教育研究，2012（5）：24-27.

[22] 岳亚平.不同专业发展阶段幼儿教师知识结构的特征比较[J].学前教育研究，2011（9）：43-46.

[23] 肖杰.幼儿教师专业发展研究[J].教育探索，2011（6）：112-113.

[24] 韩晶.促进幼儿教师专业发展的培训探讨[D].石家庄：河北师范大学，2010.

[25] 周忻.幼儿教师专业发展：问题与对策[D].无锡：江南大学，2009.

[26] 潘君利.幼儿教师专业发展必须解决的三大问题[J].早期教育（教师版），2009（3）：7-9.

[27] 翟艳.从幼儿教师专业认同看影响教师专业发展的因素[J].学前教育研究，2006（11）：39-41.

[28] 黄绍文.幼儿教师专业发展的现实困境[J].学前教育研究，2006（06）：48-49.

[29] 何锋.反思能力：幼儿教师专业发展的核心元素[J].教育导刊.幼儿教育，2005（11）：13-16.

[30] 塔娜.浅谈当代幼儿教师应具备的职业素养[J].前沿，2001（1）：36-39.